RELIURE
TIÉSSEN
NANCY
2000

AF466004

DE LA MÉTHODE MIXTE EN ÉTUDE DE L'ATTRACTION.

Ces deux traités *Analyse du mécanisme de l'agiotage*, et *De la Méthode mixte* sont tirés des manuscrits laissés par Fourier, et ont été publiés dans le premier semestre 1848 de *la Phalange*, revue de la science sociale.

ANALYSE

DU

MÉCANISME D'AGIOTAGE.

PREMIÈRE SECTION. — BOURSES.

PRÉAMBULE. — TRANSITION EN SEPTIÈME PÉRIODE, PAR L'EXTIRPATION DE L'AGIOTAGE, OU ATTAQUE PARTIELLE DU COMMERCE.

J'ai donné sur les infamies mercantiles un tableau abrégé, une peinture *en gros*. Je vais la donner en détail aux 2 sections suivantes, sur l'un des 32 crimes du commerce. Ce sera l'Agiotage.

Financiers et administrateurs qui vous flattez d'avoir atteint à la quintessence des subtilités fiscales, soyez juges de vous-mêmes en matière d'imposition commerciale et estimez ici par comparaison l'étendue de votre duperie.

Lorsqu'un agioteur débutant avec zéro gagne en huit années trente millions à des spéculations *pour le bien de sa patrie*, combien avez-vous perçu en impôt sur ses honnêtes bénéfices? Comparez le produit fiscal prélevé sur ces 30 millions avec l'impôt prélevé sur un territoire de 20,000 cultivateurs qui aurait rendu 30 millions en 8 ans; environ 4 millions par an, et dites si vous ne percevez pas dix fois plus sur ces 20,000 malheureux que sur la sangsue qui gagne en 8 ans 30 millions en spéculations pour le bien de sa patrie.

Confessez que vous êtes mystifiés par le Commerce, qu'il échappe complètement à l'impôt, que les perceptions établies sur quelques branches du commerce n'atteignent que le service de consommation et nullement l'agiotage. Concluez qu'il vous faut une nouvelle boussole fiscale pour vous diriger dans l'attaque du tripôt mercantile qui sait échapper à toutes embûches. Confessez en outre que les économistes, en vous leurrant de l'espoir d'une juste répartition n'ont fait que masquer les subtilités de l'agioteur pour esquiver l'impôt.

A parler net, vous êtes désappointés par le Commerce. On peut vous assimiler à l'ordre judiciaire, qui n'a pas le pouvoir de faire pendre celui qui *vole* en agiotage 100,000 écus. J'use du terme *voler* comme seul convenable pour définir les bénéfices de cette classe de sangsues dont il est si juste de dire : J'appelle un chat un chat et Rollet un fripon.

Une maison citée pour la plus respectable de l'Europe en termes de commerce, et la plus friponne en termes de morale, avait imaginé un moyen très-ingénieux pour se voler légalement elle-même. Elle faisait armer dans un pays en guerre avec le sien des corsaires chargés de surprendre, à hauteur désignée, les vaisseaux qu'elle armait dans son pays et assurait là ou ailleurs, car on assure partout. Ainsi cette maison en se volant elle-même et volant les dépositaires qui avaient chargé à frêt sur ses vaisseaux, faisait payer le vol aux assureurs tant régnicoles qu'étrangers. Dira-t-on qu'elle méritait mille fois le gibet ? Non, puisque la justice ne pend que les petits voleurs. Elle pendra un capitaine coupable de *baraterie*, pour avoir fait couler à fond le vaisseau afin de soustraire au naufrage 20 ou 100,000 francs; mais on ne pend pas, on n'accuse même pas celui qui en armant contre lui-même vole et se fait rembourser par les assureurs une dizaine de millions. Toute l'Europe la nomme pour maison très-respectable. Elle l'est aux yeux du commerce, qui ne respecte que le coffre-fort. Combien la finance a-t-elle perçu en impôts sur ce joli manège de corsaires fictifs d'où l'on retirait si commodément des millions ? La finance n'en a rien eu, pas plus que des trente millions gagnés en 8 ans pour le bien de la patrie.

Financiers ! après ces indices de votre duperie, il vous reste à vous garantir de vos préventions contre l'auteur du remède. N'imitez pas les oisons du 15e siècle, qui nièrent à Colomb l'existence de l'Amérique et furent ensuite les plus empressés à le flagorner. Un nouveau système fiscal vous est présenté, il mettra les souverains en possession des immenses bénéfices et frais du commerce. N'écoutez point les clabaudeurs qui crient à l'impossible. C'est une ruse des sophistes pour prévenir l'examen et l'épreuve des théories qui les alarment. Insistez pour cette épreuve, et quand le commerce se verra en danger de rendre gorge, il vous offrira des monts d'or pour capituler. Il proposera le doublement des impôts qu'il repousse aujourd'hui. Songez que tout bénéfice de l'intermédiaire appartient au prince, et que dans l'état de pénurie où se trouvent les gouvernements, ils ont besoin d'une ressource extraordinaire pour parvenir à combler leur déficit, à dégrever les peuples.

maquillages, comme les badauds en 89 recueillaient les sornettes patriotiques de l'Assemblée nationale. Tout écrivain chausse le cothurne pour nous annoncer la hausse des savons, pour faire de l'agiotage un objet de vénération, et persuader à l'agioteur ou sangsue légale qu'il est une des colonnes de l'État.

On ne répand point le même fard sur les autres sangsues. Un financier qui divertit quelques millions n'est point recommandé à l'opinion et n'y prétend pas. Si l'on parle de probité, il fait diversion en jouant avec ses diamants. Mais tout tripotier de Bourse est fermement persuadé qu'il est le citoyen par excellence. Les gazettes le lui répètent en élevant aux nues ses menées dignes du gibet. Pour les anoblir, on va jusqu'à créer un langage d'apparat qui est un des vices à signaler. Le lecteur devra s'attendre à trouver parfois ici le langage trivial tel qu'il l'entendrait à la Bourse. Lorsqu'on y parle d'un accapareur, on n'embouche pas la trompette héroïque, on dit en termes de l'art : « Il y a des lurons qui ont raflé à la Bourse tous les savons de la place : les coquins vont gratter sur l'article. »

Je n'imiterai pas les beaux esprits qui rendent compte de ces équipées en style académique, ou les savants prenant le vol de l'aigle : « Par suite d'une profonde combinaison, d'habiles spéculateurs, etc. » Chaque négociant prend sa part de l'encens; il s'étonne d'avoir opéré de si grandes choses, et s'émerveille, comme le Bourgeois gentilhomme tout ébahi d'avoir fait de la prose sans s'en douter. Ainsi, en lisant les pompeuses relations du tripot de Bourse, tout brocanteur d'huile et de savon se persuade, comme Cicéron, qu'il a sauvé la République.

L'examen des crimes du commerce doit conduire aux procédés gradués d'organisation de l'impôt naturel ou impôt de l'intermédiaire. Nous allons, au final de cette section, donner l'option, pour satisfaire les goûts par gradation :

1° Sur la métamorphose subite et générale du commerce mensonger, en mode véridique ;

2° Sur la métamorphose partielle, ou suppression de l'agiotage et substitution de la régie concurrente ;

3° Sur la métamorphose lente, par le correctif des maîtrises limitées, la maîtrise proportionnelle, illimitée, solidaire.

En dissipant les prestiges légaux dont on étaie l'agiotage par l'institution des Bourses et Courtiers, ne perdons pas de vue que la Civilisation a besoin de quelque invention neuve en finances, et qu'abstraction faite des calculs de l'Harmonie dont les zoïles et sceptiques négligeront l'examen, on doit au moins une sérieuse attention aux branches de la découverte qui touchent aux plaies de la Civilisation, et qui peuvent la sauver de la pénurie financière plus alarmante que jamais.

La Bourse et les Courtiers ses boute-feux sont la branche la plus imposante de l'édifice mercantile. C'est la synagogue publique des agioteurs; c'est la relique auguste qu'on expose à la vénération du vulgaire; mais cette pétaudière, comme toute assemblée cabalistique, se compose en très-grande majorité de marionnettes mises en jeu par une poignée de meneurs. Avant d'approfondir ces grands mystères, préludons par les notions élémentaires.

Le monde mercantile a ses vanités comme le monde politique. Les petits marchands veulent singer les matadors, trancher du spéculateur. Ils imitent Mascarille, qui, pour jouer du tacticien, parle avec emphase de demi-lunes et de lunes tout entières. Tel est le faible des margoulins (sobriquet dérisoire qu'on donne aux petits marchands). Autrefois ils allaient traiter expéditivement leur menu négoce avec un banquier ou *grossier* qui terminait en quelques minutes; aujourd'hui, n'eussent-ils à négocier qu'une brochette, une lettre de 25 louis, ils iront se pavaner une heure à la Bourse, importuner les Courtiers qui dédaignent la broutille, raisonner à perte de vue sur les intérêts du commerce immense de l'immense commerce des amis du commerce pour le bien du commerce et autres amphigouris de mode. La Bourse est remplie de ces parasites qui, autrefois, n'y entraient jamais, et qui, aujourd'hui, stimulés par les provocations de gazettes, y vont prendre le goût de l'agiotage, et jouer en un instant le capital de leur menu négoce. On y voit même la noblesse, qui, autrefois, n'avait pas de portefeuille à *manœuvrer :* elle achetait des domaines. Aujourd'hui, tout marquis a une partie de sa fortune en effets négociables et usuraires. Lui ou son intendant fréquentent la Bourse et ont des prétentions à être initiés aux grandes manœuvres d'agiotage. Mille autres abus concourent à encombrer la Bourse, et en créer le germe là où il n'existait pas. De là est venue la manie d'établir partout des Bourses, des Courtiers, même dans les villes sans industrie où il est impossible de tenir Bourse. Elles veulent au moins avoir le simulacre de Bourse dans l'Almanach du Commerce et les cartons de préfecture. La Fontaine a dit:

> Tout petit prince a des ambassadeurs,
> Tout marquis veut avoir des pages.

Aujourd'hui toute bourgade veut avoir une Bourse de commerce et des Courtiers de commerce; en d'autres termes, une arène d'agiotage et des embaucheurs d'agiotage. Cette frénésie toute récente mérite le plus sérieux examen. C'est le sujet le plus convenable pour démontrer combien la politique moderne est ignorante sur le commerce. Tout autre sujet n'aurait pas le mérite de la nouveauté. Par exemple, si je traitais des vices déjà signalés et condamnés, comme la banqueroute. Je ne ferais qu'étendre une critique déjà entamée par d'autres. Il convient de choisir un vice totalement méconnu, et, de plus, encouragé par la politique, prôné comme institution utile. Telle est la pullulation des Bourses de commerce et Courtiers de commerce dont on fait trophée. J'analyserai ce fléau pour en conclure que la plupart des innovations mercantiles qu'on introduit à titre de perfectionnements sont (comme les clubs) autant de poisons que la politique inocule au corps social.

Nous abordons une discussion aussi neuve que plaisante, les tours de gibecière de messieurs les agioteurs et courtiers. Je n'ai pas la prétention de traiter à fond ce vaste sujet qui remplirait des volumes; je me bornerai même à décrire quelques-unes de leurs opérations les plus fréquentes, par lesquelles on pourra juger de l'influence des grandes manœuvres dont l'exposé nous conduirait trop loin. Il me suffira de soulever un coin du voile pour convaincre que cette manie récente d'organiser des Bourses et des Courtiers jusque dans les bourgades est la plus grande absurdité. C'est exciter tout le monde à l'agiotage; c'est comme si l'on créait dans chaque village des tribunaux et procureurs pour stimuler tous les paysans à plaider avec acharnement. Ils ne sont que trop enclins à cette sottise, qu'il faut prévenir et non pas provoquer.

Les Courtiers n'étant que facteurs et boutefeux de l'agiotage, il est dans l'ordre que je traite d'abord de la Bourse et des négociants qui la composent. Les courtiers n'y font que l'office d'entremetteurs, très-nécessaires dans l'agiotage et les bouleversements industriels, mais très-peu utiles au commerce honnête qui est celui de consommation.

Quoique les Courtiers ne soient que subalternes en rang à la Bourse, on peut douter s'ils n'y tiennent pas de fait le premier rang: car ils ont les bénéfices les plus clairs de l'agiotage à la hausse et à la baisse. Ils se font souvent cent mille francs de rente là où plus d'un spéculateur vient brûler ses ailes. D'autre part, les Courtiers, quoique valets titrés de la Bourse, ont eu l'impudence de s'ériger en chefs, et d'attribuer à leur corporation isolément le titre de Bourses. Ils auraient fini par s'emparer du commerce entier, s'ils n'eussent pas été contenus par les Courtiers clandestins, qui opposent à leurs tentatives d'envahissement une concurrence illégale, mais très-efficace, et dont je traiterai plus loin.

CHAPITRE PREMIER.

ORIGINE DES NOMBREUSES BOURSES DE COMMERCE QUI INFESTENT LA FRANCE.

Déjà, depuis un demi-siècle, l'esprit mercantile était en pleine vogue; mais dans cette chimère il y a des phases qui se succèdent. Avant la révolution, c'étaient les illusions coloniales et calculs de la balance. Une fois ces illusions perdues, on a dû s'accrocher à quelque autre billevesée du domaine mercantile.

Au sortir de la Terreur, les Français, rassasiés de chimères d'égalité, durent se passionner pour quelque vision nouvelle. On ne pouvait plus remettre en scène les balances coloniales, et ce fut l'esprit d'agiotage qui obtint la vogue; dès-lors l'encens ne brûla que pour ce nouveau Dieu. Tous les discours, tous les écrits de circonstance ne retentissaient que de commerce, bien du commerce, vérité du commerce. Commerce, commerce, était la substance, le contenu de tous les discours; c'était vraiment le culte du veau d'or qu'on substituait au culte de la déesse de la Raison. Ce fut alors que la noblesse, tant ancienne que moderne, se fit honneur de s'initier aux menées de Bourse et d'agiotage, et que l'on consacra dans les grandes villes un palais au commerce. On lui donna à Lyon le vaste palais de Saint-Pierre pour siége de Bourse et autres séances; mais comme on ne pouvait pas en bannir le musée et les établissements des arts, on en fit un amalgame plaisant en écrivant au frontispice : Palais du Commerce et des Arts, plaçant ainsi le Commerce en tête, et à la queue leurs favoris les Arts, réduits à figurer humblement à la suite du veau d'or : car le mensonge est le plus beau des arts en un siècle de perfectibilité.

Ce fut alors que l'on commença à organiser partout des bourses de commerce. Personne n'osa élever des doutes sur leur utilité. Tout opposant eût été couvert d'anathèmes comme celui qui, au Xe siècle, aurait révoqué en doute l'utilité des nombreux couvents de moines. Alors toutes les petites villes, comme Rhodez, demandèrent à l'envi des bourses de commerce. L'appât du faible cautionnement versé par les courtiers put séduire le gouvernement; cette finance fut fixée à peine au quart du prix exigible.

Une bizarrerie assez plaisante qui régna dans cette fondation, c'est que l'on créait une bourse à Rhodez, quand Bruxelles et autres grandes villes de commerce et de banque n'en avaient pas encore. Il n'y eut aucun travail régulier sur ce sujet; le ministre ne s'informa même pas des cas où la tenue d'une Bourse est praticable. Genève exposa avec raison que ses négociants n'étaient pas assez nombreux, ses relations pas assez majeures pour comporter la fréquentation d'une Bourse. Comment, après cela, pourait-on tenir bourse à Rhodez et autres villes comme Dijon, qui sont des bourgades sous le rapport commercial? Mais la fougue mercantile l'emporta : les Dijonnais, qui sont en France les Gascons de l'est, ne voulurent pas que leur ville semblât inférieure à Bordeaux et à Marseille ; il leur fallut une Bourse et, pour se donner des airs de ville de commerce, une liste de leurs banquiers plus étendue que celle de Lyon, et dans laquelle ils avaient fait figurer jusqu'aux fripiers et aux regrattiers pour former un tableau pompeux du corps mercantile de Dijon.

Quel était le plus imprudent ou de ces villes demandant une arène d'agiotage ou du gouvernement qui la leur accorda? Créer une Bourse dans les petites villes qui n'en ont nul besoin, c'est comme si l'on créait des maisons de jeu et de prostitution dans les lieux où elles sont inconnues, Les Bourses et les Courtiers sont un ulcère politique dont il faut régulariser la marche dans les villes où il s'est formé de lui-même; c'est un égout de mensonge et d'intrigues assez nécessaire dans les ports; mais dans les autres villes qui n'en ont pas les germes, il faut se garder d'en créer, comme de placer un cautère à un homme en santé.

Ce fut Bonaparte qui commit la faute de créer partout des Bourses et offices de courtiers, d'exalter l'agiotage, de jeter les toges de sénateurs à la tête des agioteurs, faute qu'il a payée de son trône : c'est la vraie cause de sa chute. Un tripotage de bourse, une famine artificielle fit retarder et manquer sa campagne de Russie. De là naquit la coalition générale. Le conquérant qui faisait trembler tant de monarques tremblait lui-même devant un agioteur.

Que serait-il arrivé si Napoléon n'eût pas fléchi devant la bourse et les courtiers de Paris? Un despote, sans prévention et de sang-froid, aurait dit : « Voilà une poignée de sangsues qui veut affamer un em-» pire, soulever mon peuple, ébranler mon trône, ils méritent eux-» mêmes d'être mis à la famine. Qu'on saisisse les magasins des me-» neurs bien connus; qu'on les vende au prix d'achat et qu'on en par-» tage le produit entre les dépôts de mendicité. » S'il eût pris cette mesure dès le mois de janvier 1811, et s'il l'eût appuyée par l'envoi de commissaires en pays étrangers pour l'achat des grains, qu'en serait-il résulté? La rentrée en circulation de tous les grains accaparés, la cessation de la famine et, ce qui eût été décisif, l'ouverture de la campagne au 15 mai, époque où fut ouverte en pareil climat celle qui amena la paix de Tilsitt. La crainte des menées d'agiotage et des mouvements populaires fit différer de six semaines et plus. Pendant ce délai, la Turquie, voyant qu'on manquait le moment d'agir, se crut leurrée. On faisait craindre à la Porte d'avoir à soutenir bientôt le choc de toutes les forces de la Russie; en même temps on lui offrait des conditions brillantes : elle transigea. Le traité de Bucharest ne fut signé que dans le courant de juin. Il ne l'aurait pas été si le passage du Niémen, effectué le 30 juin, l'eût été le 15 mai; l'entrée à Moscou, faite le 14 septembre, aurait eu lieu le 31 juillet. Alors, les Russes auraient considéré que, malgré l'incendie de Moscou, Bonaparte avait encore la chance de trois mois de campagne ; qu'il pouvait, pendant l'automne, se rabattre sur l'Ukraine, bien pourvue de grains, et envelopper Kiow, la Volhynie et l'armée du Danube, occupée par les Ottomans. Dans cette perplexité, la Russie aurait été forcée de demander la paix en souscrivant au rétablissement de la Pologne.

Objectera-t-on que dans cette occasion l'agiotage a très-bien servi l'Europe et surtout l'Angleterre ? D'accord. Mais ne sortons pas de la question. Il s'agit d'opiner sur l'influence colossale de l'agiotage. S'il avait hier le pouvoir de renverser le plus puissant trône du monde, il pourra demain compromettre un prince légitime : car l'agioteur ne connaît ni prince ni patrie. Ce n'est pas pour servir l'Europe que les agioteurs de Paris ont contrecarré Napoléon en 1811 ; ils auraient indifféremment servi le despote aux dépens de l'Europe, si leur intérêt l'eût conseillé. Il est donc souverainement impolitique d'avoir élevé l'Agiotage, les Bourses et Courtiers au degré d'influence qui peut traverser les opérations du Cabinet et menacer le Trône.

CHAPITRE II.

NÉCESSITÉ DE LA RÉSISTANCE AUX INTRIGUES DES BOURSES ET COURTIERS.

Qu'est-ce qu'une Bourse de commerce ? Quels sont les éléments, les procédés, les intrigues, le but réel et fictif des assemblées cabalistiques nommées Bourses ? En quels lieux, en quels cas et jusqu'à quel point la Bourse peut-elle être utile ou nuisible ? Il faut que l'ignorance soit bien grande sur ces divers problèmes, puisque les courtiers de France ont eu l'effronterie de s'arroger le titre de bourse de commerce, ce qui est aussi absurde que si les huissiers se donnaient le titre de cour de justice.

Il n'est pas surprenant qu'on n'ait jamais fait l'analyse d'une bourse de commerce, puisqu'on n'a jamais fait celle du commerce entier. Quand on oublie le tout, on peut bien oublier la partie. Je réparerai l'inadvertance et je distinguerai les bourses en genres et en espèces plus ou moins malfaisantes, surtout dans les temps où le commerce n'est plus qu'un agiotage universel.

La Bourse est, comme le club et le bal, une assemblée colorée d'intentions très-louables. Rien de plus innocent, en apparence, qu'un club d'amis de la liberté ou une bourse d'amis du commerce; mais bien fou qui se fie aux apparences en affaires de politique et d'intérêt. Telle a été la bévue des administrations modernes qui ont cru voir dans ceux qui fréquentent la Bourse autant de petits saints.

On n'a vu qu'un ministre, en Europe, qui ait jugé sainement ces assemblées malfaisantes : c'est le comte Wallis, à Vienne. Sans s'arrêter aux prestiges académiques et scientifiques sur la liberté du commerce, il les a déclarées une carrière ouverte au tripot mercantile; il a essayé diverses mesures coërcitives pour museler l'agiotage dont la Bourse est le foyer; il a tenté les réductions de séances. Il n'a pas dû réussir, parce que toute intrigue mercantile a la propriété de répercussion quand on l'attaque de front. Il a du moins l'honneur d'avoir entrepris le bien, d'avoir reconnu qu'en dépit des orateurs à gages, la Bourse n'est qu'une arène d'agiotage où des agitateurs coalisés conspirent légalement contre l'autorité et contre l'industrie productive, en organisant la fluctuation perpétuelle du prix des denrées et des effets publics.

En réforme administrative, il ne suffit pas de la bonne intention : il faut encore la connaissance des antidotes. Si quelques ministres eussent manifesté les mêmes vues que M. de Wallis et sollicité des méthodes de répression, n'eussent-ils proposé pour prix qu'une médaille de cuivre, je leur en aurais depuis longtemps indiqué le secret; mais il y a toujours force médailles d'or pour les sophismes ou le bel-esprit; il n'y en aura jamais une de cuivre pour les inventions utiles.

A l'appui de l'opinion du ministre de Vienne, je citerai celle du comte de Fontanes : « qu'en administration le simple bon sens est pour » l'ordinaire un guide plus sûr que les subtilités de la science. » Jugeons-en par trois manœuvres dont le souvenir est récent chez les Français et autres nations.

1° La famine factice de 1811.

2° L'enchérissement des denrées coloniales en 1808.

3° La disparition subite du numéraire en 1805.

1° *La famine en* 1811 était factice : car, au moment où la récolte approchait, on vit sortir de toutes parts des magasins de farines. On en faisait retourner de Lyon à Paris d'où elles étaient venues, et huit mois après la récolte on mangeait encore les farines anciennes dont une grande partie avait été échauffée et moisie par l'impéritie des agioteurs dans cette manutention. La famine cessa en juin, du moment où l'on contrevint aux règles de la science, au principe de licence mercantile. L'autorité essaya enfin de résister aux agioteurs, en exigeant des déclarations de grains et farines et il n'en fallut pas plus pour déconcerter tous les tripotiers de bourse et rendre les grains à la circulation. Si on eût laissé les agioteurs intriguer en liberté selon les principes des économistes, ils auraient non seulement prolongé la famine, mais accaparé toute la récolte nouvelle que déjà ils s'occupaient à acheter sur champ. Toute leur synagogue fut déjouée dès l'instant où l'usurpateur qui régnait alors manda le créateur de la famine pour le semoncer, et où le ministère osa regimber contre les intrigues des Bourses et Courtiers, suivre l'impulsion du bon sens qui conseille de prendre en cas de famine des subsistances où il y en a ; on peut juger par là de l'absurdité de la science qui opine pour laisser pleine liberté aux accapareurs. L'économiste Smith prouve par quatre arguments qu'il faut les protéger. Si on l'eût cru en 1811, on aurait eu en France deux famines au lieu d'une, qu'on pouvait prévenir dès le mois de janvier en prenant les mesures de répression dont on ne s'avisa qu'en juin.

2° *L'enchérissement des denrées coloniales en* 1808. — Le ministère opéra dans cette circonstance comme dans la précédente, il toléra long-temps l'anarchie et revint trop tard aux mesures de répression qui réussirent d'emblée. Fatigué des intrigues de Bourse et des fausses nouvelles qu'inventaient chaque jour les courriers extraordinaires du comité central d'agiotage, il osa enfin riposter aux fredaines des agioteurs par une contre-manœuvre. Il fit répandre le bruit de la mort du roi d'Angleterre, d'un changement de ministère et d'une probabilité de paix ; la ruse eut un plein succès, en moins d'une semaine toute la clique des agioteurs fut aux abois, ils se perdirent les uns par les autres ; c'était à qui ferait des *lessives* ou ventes à perte, les denrées baissèrent en peu de temps de moitié et cette débâcle subite prouva combien les gouvernements sont dupes quand ils se fient aux prestiges scientifiques, au relief dont on veut entourer le tripot de Bourse qu'il faut combattre au moins par les armes qu'il emploie, par les astuces de fausses nouvelles et autres, en attendant qu'on découvre un moyen de le museler régulièrement.

3° *La disparition subite du numéraire en* 1805. — Elle était l'ouvrage d'un courtier de Paris, d'un agent de change du trésor public. Cette fois le gouvernement n'essaya aucune résistance et fut dupe jusqu'à la fin ; le discrédit ne fut arrêté que par la victoire d'Austerlitz et la paix qui s'ensuivit ; mais jusque-là les tripotiers de bourse eurent pleine licence de décréditer la Banque de France , de faire agir leurs affidés de province, accaparer le numéraire, paralyser les fabriques, ravager sans obstacle.

En comparant ces trois échauffourées, on conclura que tout gouvernement sage doit résister aux agioteurs en dépit des insinuations scientifiques des hableurs qui nous conseillent de *laisser faire, laisser aller* le tripot d'agiotage, de Bourse et de Courtiers, sous prétexte que les économistes ont décrété la liberté d'agiotage. Ne ressemblent-ils pas à ces derviches orientaux qui veulent qu'on n'oppose à la peste ni cordons ni lazarets, qu'on la laisse ravager en liberté, sous prétexte que Mahomet le veut ainsi; n'en déplaise à Mahomet, nous établissons contre la peste des quarantaines dans Marseille, Livourne, et nous nous en trouvons bien. Il fallait agir de même contre l'agiotage, user des précautions que conseille le bon sens, guide plus sûr que la science, et traquer les limiers d'agiotage, la Bourse qui en est le quartier général et les courtiers qui en sont les boute-feux ; mais, je l'ai déjà dit au sujet du comte de Wallis qui échoua dans cette lutte, quelque méprisable que soit un ennemi, il faut, quand il est en force, conduire prudemment l'attaque et bien connaître le terrain avant de hasarder aucune affaire ; c'est à quoi ont manqué MM. de Wallis et autres qui ont escarmouché contre le monstre et n'ont fait que l'aguerrir, le rendre plus redoutable. Aussi les agioteurs regardent-ils en pitié les tentatives de résistance que font les gouvernements peu courageux dans cette lutte, parce qu'ils ignorent la brillante dépouille qu'ils ont à recueillir de la victoire, 600 millions de rente pour le seul gouvernement de France et proportionnellement pour tous les autres.

Depuis quelque temps l'esprit mercantile décline sensiblement, on commence à suspecter les systèmes commerciaux, les menées de l'agiotage. Cependant quoiqu'on entrevoie l'égarement, les esprits sont encore tout imbus des prestiges mercantiles ; par exemple : il n'est pas rare de rencontrer de graves personnages qui, en dissertant sur la politique, citent fort sérieusement à l'appui de leur opinion la hausse ou la baisse des effets publics. Ces mouvements ne sont que les efforts des intrigues ourdies par les courtiers, alarmistes commerciaux qui mettent à profit chaque événement pour inventer et colporter de faux bruits, les répandre par courriers extraordinaires, leur donner consistance par des ventes et achats simulés qui entraînent la foule dans le piège. C'est donc le comble de la duperie que de prendre pour boussole des menées d'agiotage, des fluctuations d'effets publics. Elles sont favorisées par l'organisation fédérale qu'on a donnée aux bourses de commerce et compagnies de courtage qu'on a affiliées selon la méthode Jacobite. Il eût fallu au contraire aviser aux moyens de les désunir, de les soumettre à une surveillance du ministère et des manufacturiers ; il fallait agir avec eux comme le ministère de Pékin agit avec les hordes tartares ; sa politique est d'empêcher leur réunion. On a fait tout le contraire avec les agioteurs; on a organisé en grande pompe tous lès ressorts nécessaires à leur coalition, les bourses de commerce et courtiers de commerce avec affiliation par des syndicats, correspondances secrètes et autorisation de courriers extraordinaires. Enfin on a fait de l'agiotage une puissance indépendante au sein des empires qu'il ravage; dans cette opération il est évident que les gouvernements ont donné à l'agiotage des verges pour les battre.

Comment aurait-on découvert le remède, quand on n'apercevait pas le mal, quand la science et la mode s'unissaient pour prôner l'agiotage, et prosterner tous les princes aux pieds du monstre, au lieu de les coaliser et de les insurger contre lui?

J'ai dit et il restera à prouver que ce remède consiste à mettre en régie fiscale deux branches d'industrie mercantile, le Roulage et le Courtage, système bien opposé à celui qui a suggéré l'idée de bâtir dans Paris un palais somptueux aux agioteurs et courtiers.

La régie ne sort pas du cadre des habitudes civilisées. Si les gouvernements ont établi des monopoles fiscaux sur le tabac, l'eau-de-vie, les messageries, les commerces coloniaux, les pêcheries, etc., ils pourraient bien en établir sur le Roulage et le Courtage. Ce ne serait pas s'écarter du système civilisé. L'innovation dont il s'agit ne sera pas monopole, elle ne sera que régie concurrente, et ne portera atteinte à aucune propriété; mais elle enlèvera au commerce les deux moyens de maîtriser le produit industriel.

Quand on attaque une forteresse, ne serait-il pas absurde de lui laisser quelque porte libre pour recevoir des vivres et des secours? on commence par la cerner et l'isoler. Il fallait agir de même avec le commerce. Une fois bloqué sur ces deux points de transition, sur le Roulage et le Courtage, il serait en moins de deux ans réduit par famine.

Autant l'industrie de transport est innocente, autant celle du Courtage est désastreuse, et comme sa chute serait le gage d'un événement très-heureux pour la Civilisation, d'un engrenage en 6e période, ce ne sera pas trop d'employer une section entière, et de démontrer, par les ravages de cette industrie peu connue, l'impéritie de la politique, occupée à vanter indistinctement toutes les sangsues mercantiles.

Pour préluder sur l'utilité des bourses de commerce, interrogeons d'abord l'expérience: voyons par quelque exemple récent si la fréquentation et l'accroissement des Bourses est une enseigne de prospérité industrielle. Je citerai la ville de Lyon, elle n'avait point de Bourse en 1789; Lyon n'avait alors qu'un seul courtier de denrées, on y en voit aujourd'hui une vingtaine au moins, non compris ceux de banque et de soie. Cependant Lyon, avant sa ruine, pouvait être compté, je pense, comme ville de haute et brillante industrie, ses ateliers excitaient l'envie de toutes les nations, ses capitalistes étaient nombreux et opulents : or à cette époque Lyon n'avait point de Bourse et n'en demandait pas, Lyon n'avait que quarante courtiers pour les trois genres de banque, soies et denrées ; il y en a aujourd'hui un nombre triple dont soixante titulaires et autant de clandestins. Cependant Lyon est aujourd'hui une ville appauvrie, déclinante, elle n'a plus que l'ombre des capitaux et de l'industrie de 1789. Comment se fait-il qu'une ville ruinée ait besoin d'une Bourse de commerce et d'un palais du commerce qui lui étaient inutiles dans sa prospérité, que Lyon après sa ruine ait l'emploi d'un nombre de courtiers triple de celui qu'il employait dans son état florissant ? ne suffirait-il pas de ce seul indice pour faire suspecter cet attirail de Bourse et Courtiers qui, étant presque inutile à l'industrie honnête et régulière, devient nécessaire dans le temps des progrès de l'agiotage !

Les Bourses et Courtiers sont devenus nécessaires par le morcellement et la complication résultant de l'affluence de marchands. Leur nombre est aujourd'hui triple de ce qu'il était en 89. Quoique leurs débouchés soient moins étendus, ils sont en tous pays trente pour faire l'ouvrage auquel dix suffisaient autrefois. Leurs frais, leurs intrigues, leurs spéculations hasardeuses se sont accrus en proportion, et le mécanisme s'est compliqué à tel point qu'il faut une foule de Courtiers et des assemblées fréquentes pour le débrouiller ; d'où l'on voit que tout cet étalage de Bourses et de Courtiers n'est autre chose que l'enseigne du désordre, de l'enchérissement et de la confusion, et le premier problème que présente cet état de choses est d'aviser aux moyens de réduire les Bourses et Courtiers, d'amener le commerce à abandonner la Bourse dans les lieux où il n'en existait pas autrefois, comme Lyon, de ramener l'industrie à ce mécanisme simplifié, économique et florissant, qui permettait de se passer de Bourse dans des temps bien plus prospères. Ce moyen serait de réduire les négociants et manufacturiers au nombre où ils étaient alors, au tiers du nombre actuel, réduction à laquelle on atteindrait par la patente croissante, qui est le premier de la réforme générale du commerce.

Dans les ports, l'affluence à la Bourse est moins dangerense, c'est même un indice de prospérité, d'un grand abord d'étrangers ; mais si l'on retranchait des Bourses maritimes tout ce qui tient aux mouvements d'Agiotage ; s'il ne restait que le négoce de consommation, la Bourse se réduirait à fort peu de chose. Le négoce de consommation est d'une lenteur et d'une prudence incompatibles avec l'activité et l'audace des tripotiers de Bourse. Lorsqu'un homme purement manufacturier achète des matières, ce n'est presque jamais à la Bourse qu'il contracte, il négocie chez lui avec mûr examen; il ne va traiter à la Bourse que lorsque la cloche des jeux d'agiotage le force à une décision précipitée. On verra à la Bourse cent agioteurs de grains et farines, et on n'y trouvera pas un seul des nombreux revendeurs qui distribuent aux boulangers. L'honnête industrieux, le marchand de consommation ou le fabricant ne connaît la Bourse que par les terreurs qu'elle lui cause; il frémit aux approches des spéculateurs et des courtiers qui viennent le stimuler par le récit des savantes manœuvres de la Bourse, qui ont subitement élevé la matière brute au-dessus du prix que vaut à poids égal la matière fabriquée, et quand le tripoteur de Bourse est radieux le manufacturier est abattu, obligé de fermer ses ateliers, par l'impossibilité de faire adhérer le consommateur à l'augmentation qu'exigera celle des matières brutes.

Ainsi les accroissements des Bourses et des Courtiers de commerce, surtout dans les villes intérieures comme Paris, Vienne, Lyon, Milan, sont à la fois effet de désordre commercial et germes de nouveaux désordres. Une politique éclairée aurait dû chercher à les assoupir plutôt qu'à les stimuler; il eût fallu diminuer l'influence des Bourses et des Courtiers, rendre peu à peu leur service inutile, paralyser les effets de leur affiliation aussi désastreuse en industrie que celle des clubs en politique; mais, en fait de mécanisme commercial, le bon sens n'est guère l'apanage du XIXe siècle; il raille sur les illusions passées pour en accréditer de plus ridicules. Le XVIIe termina par les visions des Jansénistes et des Molinistes; le XVIIIe acheva tristement sa carrière dans les chimères d'égalité et de fraternité. Le XIXe débute ridiculement par les rêveries mercantiles; il n'encense que l'Agiotage fardé du nom de spéculation; il multiplie les arènes d'agiotage, les Bourses et Courtiers et tout l'attirail qui sert à tramer des famines, des pénuries manufacturières et autres machinations désastreuses. Chaque bourgade prétend à la ridicule gloriole d'avoir un de ces boursillons d'agiotage. Quand on voit Rhodez et Dijon demander et obtenir une bourse de commerce, n'est-ce pas la fable de la grenouille qui veut se faire aussi grosse que le bœuf?

Les affiliations des Bourses et Courtiers ont, comme toutes les ligues fédérales, un penchant à l'empiètement; elles rentrent dans la catégorie des jésuites, des clubs jacobites, des janissaires et autres corporations qui, dans leur début, ignoraient à quels excès l'affiliation les entraînerait : ainsi des Bourses et Courtiers qui tendent sans le savoir à l'envahissement du commerce et à l'asservissement de l'autorité par des syndicats subordonnés au comité central d'une capitale. Leurs empiètements ont été arrêtés jusqu'à présent par l'opposition très-efficace du courtage clandestin, que ni elles ni le gouvernement n'ont aperçu, et que je signalerai. Leur fondateur, Bonaparte, avait donc raison de dire que *personne ne connaissait rien au commerce;* lui-même était fort aveugle sur ce point, témoin son hésitation à réprimer les accapareurs de grains, sa faiblesse quand il fut question du monopole du roulage. Il avait montré beaucoup de hardiesse pour établir le monopole vexatoire des tabacs, qui envahissait à la fois l'industrie et les propriétés en denrées. comment trembla-t-il sur celui du roulage, qui n'eût causé qu'envahissement d'industrie et pas de propriétés?

Observons dans cette inconséquence les dangers d'une erreur en politique commerciale. Bonaparte, qui fut précipité par un choc d'agiotage, allait lui-même terrasser l'agiotage et le monopole anglais s'il eût osé s'emparer du monopole du roulage, sur lequel il hésita et rétrograda après quelques tentatives. Satisfait de l'établissement des tabacs, qui était plus brillant en produits effectifs, il mollit sur le coup de partie, sur le roulage. C'était là le point où il devait frapper: car il ne cherchait qu'à asservir le commerce tout en feignant de le cajoler. Il se serait aperçu, en moins de six mois, que le monopole du roulage lui dévoilait par tableaux tout le mouvement intérieur et extérieur des denrées; qu'il pourrait, à volonté, le ralentir et l'accélérer, et, par ce seul moyen, déjouer l'agiotage en divers cas, notamment sur les machinations de famine, qu'il redoutait fort. Enhardi par ce succès, il aurait donné de l'extension audit monopole, il y aurait ajouté celui de *l'affrétement des vaisseaux* pour envahir tout le transport matériel. Dès que j'aurais vu le gouvernement franchir le premier pas, j'aurais indiqué le surplus de l'opération, le moyen de s'approprier le transport politique, appelé courtage, et puis le but de l'opération, l'entrepôt concurrent, qui, absorbant à la fois tous les monopoles et tous les morcellements, y substitue l'unité d'action, l'ordre véridique, la liberté commerciale dont il fait verser le produit entre les mains des gouvernements. Ce produit aurait été, à cette époque, de 700 millions pour la France, limitée à Lubeck et Raguse. Un avantage plus précieux aurait été la chute du monopole maritime des Anglais, qu'on ne peut contrecarrer que par un changement absolu du système commercial qui l'a engendré.

Les financiers de Bonaparte, qui se croyaient des Argus, n'entrevirent pas cette nouvelle carrière. Il n'est pas de corporation plus novice en conquête fiscale que celle des financiers modernes. Ils ne s'occupent que des empiétements particuliers, jamais d'innovations ingénieuses. Ils se laissent enivrer par les flagorneries du commerce qui les redoute. Quand on les voit fléchir devant les Bourses, les Courtiers et la tourbe mercantile qu'ils devraient régir, ils s'admirent eux-mêmes dans leur stérilité. On disait à l'abbé Terray au sujet d'un impôt vexatoire : Mais, monseigneur, c'est prendre dans nos poches. Il répondit : Eh ! où voulez-vous donc que je prenne ? On trouva l'idée plaisante, et aujourd'hui l'abbé Terray ne serait pas le bon plaisant, car l'opération de l'entrepôt concurrent remplit les poches du peuple au lieu de les vider. Elle remplit même celles du prince. Elle frustre, à la vérité, la sequelle des agioteurs et morcelleurs, mais des corsaires ne font pas partie du corps social. Ce sont des Bédouins, des forbans industriels, que la législation rougira bientôt d'avoir tolérés sans songer à les combattre.

CHAPITRE III.

APERÇU DU MÉCANISME DES BOURSES ET COURTIERS.

En bonne méthode, il faudrait débuter par une définition de la Bourse, par une distinction des genres et espèces de Bourses ; mais puisque les critiques permettent à chacun sa méthode, je m'en tiendrai à la mienne qui est, dans tout sujet, de placer la pratique avant la théorie.

Je commence donc par mettre l'intrigue en action dans quelques tableaux à la suite desquels je donnerai la définition et la division des Bourses, Boursons et Boursettes, Boursillons et Boursillettes, dont je donnerai le classement circonstancié.

Ce serait être bien dupe que de juger la Bourse par les pompeuses relations qu'en donnent les journaux, lesquels en raisonnent comme un bon simple qui jugerait les clubistes sur leur étalage d'amour du peuple. Ils ignorent ou ils feignent d'ignorer les menées secrètes des croupiers et limiers de Bourse qui causent les fluctuations et crises industrielles. Ils nous donnent pour boussole politique les fables qu'un comité de tripotiers fait répandre chaque jour à la Bourse. A les en croire, tout agioteur est un oracle de sublimes conceptions. C'est avec de pareilles sornettes qu'on mène l'imbécile Civilisation. Il faut mépriser tous ces contes d'enfant si l'on veut acquérir de justes notions sur la Bourse et sur le courtage ; il faut entrer dans le détail de ses prouesses inconnues des badauds. C'est de quoi nous allons traiter.

Dire que les intrigues s'exercent à la Bourse en ordre simple, mixte et composé, ce serait déployer un appareil scientifique sur un sujet risible. Expliquons-nous familièrement. La Bourse a, comme le monde, ses trois classes d'intrigue, noble, bourgeoise et roturière.

1° L'intrigue *roturière ou subalterne* comprend le négoce de consommation, le commerce utile qui traite sagement, ne précipite rien, ne spécule pas, n'excède pas les besoins journaliers. C'est un négoce tâtonné que les spéculateurs appellent dédaigneusement le *carottage*, ou le *margoulinage*, si c'est en détail. La description des intrigues des margoulins et carottiers serait dépourvue d'intérêt.

2° L'intrigue *mixte ou genre à prétention* est un engagement d'une ligue d'agioteurs contre la masse de ces carotteurs ou marchands et propriétaires benins qu'il s'agit de plumer par un coup de filet, par une râfle ou autre manœuvre déjà digne de mention honorable dans les gazettes.

3° L'intrigue *transcendante* ou noble est le choc de deux cabales d'agioteurs qui se livrent des batailles rangées et ravagent l'industrie, les uns par leurs victoires et leur fortune subite ; les autres par leur défaite et leur banqueroute, qui les enrichit autant que les vainqueurs ; le tout aux dépens du bon peuple et des gouvernements qu'on façonne à révérer ce tripot de Bourse dont le fisc est victime aussi bien que le peuple.

La première classe d'intrigues, je l'ai dit, n'est pas digne d'attention. Rien de plus insipide que les débats du négoce de consommation, la rhétorique des carotteurs de province : « Nous y gagnons si peu : » d'honneur nous n'y gagnons rien à ce prix-là ; nous y perdons, ah ! » nous y perdons gros : mais nous ne travaillons pas pour gagner, ce » n'est que pour obliger nos amis, etc., » et autres phrases séduisantes qui constituent le bel art de la vente. Lorsque la Bourse est réduite à ce genre d'affaires, c'est *le mauvais temps*, *le calme plat*. Alors le négoce prend une assiette régulière, les prix varient très-rarement ; le manufacturier peut travailler en sûreté : les effets publics ont un crédit fixe, une valeur stable qui les fait rechercher ; enfin, dans ces jours de *mauvais temps*, la Bourse a peu d'activité, mais l'État et l'industrie productive sont florissants. Ce qui est, sans contredit, très-fâcheux pour les tripotiers et les Courtiers ou agents de change. Aussi les entend-on s'écrier en pareil cas : « C'est détestable ; voilà un mois que » la rente n'a pas changé de prix, que les denrées n'ont pas bougé ; il » faut monter un coup pour dégourdir tout ça. »

La deuxième classe d'intrigues, la mixte, s'établit quand des évènements ou des machinations quelconques donnent lieu à monter le coup et à organiser des fluctuations, quand les Courtiers peuvent dire : « Ça s'éveille, » et stimuler les spéculateurs à entrer en campagne. Ce mouvement est déterminé par quelque ligue formée dans les capitales pour opérer sur les propriétaires et sur les commerçants vulgaires. Leurs magasins, caves et greniers sont arrhés et enlevés avant qu'ils ne sachent la hausse. Un propriétaire avait gardé long-temps ses grains et ses liquides que l'on dédaignait. Enfin, un Courtier de la clique vient lui offrir du comptant et le juguler. Pressé par le besoin, il accepte et apprend deux jours après qu'on l'a mystifié, que la denrée vaut déjà 20 °/₀ de plus ; que tous les magasins sont achetés et mis en *très-bonnes mains*, c'est-à-dire entre les mains de quelques sangsues des capitales, qui ont fait agir dans chaque Bourse de province des tripotiers et Courtiers affidés et qui, *ayant les reins forts*, beaucoup de capitaux, pourront nourrir la marchandise. Les agioteurs des grandes villes ne sont occupés qu'à coucher en joue les genres de denrées sur lesquels on peut faire ce coup de filet, et le généraliser par l'entremise des affiliés de province qui font chorus de râfle dans les Bourses et boursillons de leur district.

La 3e intrigue, la transcendante, a lieu quand des ligues d'agioteurs se livrent bataille, quand les denrées commencent à peser sur une coterie qui les a accaparées, et quand, par trop d'avidité, elle a manqué l'occasion de vendre et se trouve pressée par les échéances ; alors une autre coterie, instruite de la situation critique des détenteurs, prend l'offensive, les attaque en débâcle, organise un simulacre de baisse, fait vendre avec éclat et à vil prix de petites parties. Bientôt le désordre se met dans les rangs de la bande surchargée ; ses champions tombent à la file et se déterminent à faire *lessive* au moyen d'une banqueroute qui suit de près. Leurs magasins, quoique donnés à bas prix, ne rentrent pas dans la circulation, ne vont pas alimenter les fabriques et la consommation ; ils retombent *entre bonnes mains* ; ils sont rétrocédés à la ligue victorieuse qui a fait sauter la plus faible et qui donne aux vaincus du comptant que ceux-ci détournent pour frustrer les créanciers pincés dans la banqueroute. Après, l'on ouvre une nouvelle hausse par de savantes manœuvres que l'on fait prôner dans les gazettes. Tel est le *bon temps* qui ruine l'industrie productive et enrichit les tripotiers dans tous les cas, ou par une vente à la hausse, ou par une banqueroute en cas de vente à la baisse. Quant aux Courtiers, ils gagnent indifféremment sur la hausse ou sur la baisse, percevant sur toute mutation, comme les Bédouins qui pillent indifféremment amis ou ennemis.

Telles sont les trois attitudes principales de la Bourse. Elle est languissante dans le 1er cas ; animée dans le 2e ; orageuse dans le 3e, qui est le bon temps.

Dans le 1er cas, on a peu besoin de Courtiers. Dès que les prix ont une assiette fixe, le fabricant sait où prendre les matières, il a le temps de visiter par lui-même les magasins, et le Courtier n'est écouté qu'à force d'intelligence pour trouver des marchés avantageux. Un tel état de choses est l'enfer des Courtiers et le paradis de l'honnête industrie.

Dans le 2e cas, le fabricant est alarmé par les enlèvements ; il a recours aux courtiers pour s'approvisionner au plus vite. Encore n'est-il servi que par les courtiers dédaignés de la ligue d'accapareurs, qui défend à ses agents d'informer les fabricants, ordonne de semer la terreur et de prouver que les matières vont manquer complètement.

Dans le 3e cas, les courtiers ne daignent pas entrer chez les consommateurs ; ils ne traitent plus qu'entre les hauts et puissants agioteurs, qui parfois sont de riches fabricants, cumulant alors manufacture et agiotage. Le Courtier, dans ce temps d'orage appelé *bon temps*, ne se borne pas à la simple provision, il obtient souvent de fortes dîmes sur les coups fourrés de râfle ou de débâcle ; il en obtient sur les banqueroutes quand il a manœuvré savamment pour les préparer, et sur les ventes judiciaires, qui sont des simagrées convenues d'avance et dont il tire double et triple provision pour la peine de signer.

Remarquons que l'entremise du Courtier devient précieuse en raison de la malfaisance des intrigues. Les cliques d'agioteurs étant trop défiantes pour s'aborder franchement, elles ont besoin de traiter par des facteurs, dépositaires de leur secret ou dupes de leurs feintes ; en traitant sans courtier, une ligue d'agioteurs s'exposerait à mettre à découvert ses vues et son plan, qui ne sont point décelés par l'entremise du Courtier. Celui-ci a la faculté de donner chaque proposition comme effet de son avidité, de son aptitude à engager l'affaire. Sous ce rapport, il peut être désavoué des deux parties ; il peut les servir et engréner la négociation sans compromettre le secret d'aucun des deux. C'est pourquoi les grands brasseurs d'affaires n'opèrent jamais que par courtiers. N'y eût-il qu'une rue à traverser pour un achat d'un million, l'on envoie le Courtier qui gagne 10,000 francs pour sa peine de traverser la rue et de donner une carte d'arrhes ; si le spéculateur y allait lui-même, il donnerait l'éveil, on se douterait du coup de filet, on lui surferait de 5 %, et il perdrait 50,000 francs pour n'avoir pas su en sacrifier 10,000.

J'ai dû entrer dans ces détails pour faire comprendre que toute régularité dans la marche de l'industrie privant le courtier des bénéfices attachés aux grands bouleversements, il est intéressé à créer le désordre, il est nécessairement provocateur à l'agiotage. L'organisation de ce fléau est le but des menées secrètes et des correspondances d'affiliation entre courtiers. C'est une classe essentiellement perturbatrice, comme les clubs, et l'on peut juger par là : 1° de l'ineptie des villes qui ont demandé une Bourse de courtage, qu'heureusement elles n'ont pas pu organiser ; 2° de la duperie des écrivains qui ne voient de la Bourse que l'écorce, prônent emphatiquement toutes ses méfaits ; 3° de la duperie des gouvernements qui font élever des palais du commerce pour y rassembler pompeusement ces hordes, voraces par état, conspirant contre l'autorité et contre l'honnête industrie.

CHAPITRE IV.

TACTIQUE DE BOURSE. — DISTRIBUTION DES COURTIERS DANS LES GRANDES MANŒUVRES.

Dans les opérations transcendantes, comme la préparation d'une famine et autres complots, une cabale et ligue d'agioteurs doit distribuer ses courtiers en 3 parties opérant en divers sens, savoir :

Les courtiers de fausse attaque ;
Les courtiers de contre-police ;
Les courtiers de décision, action, explosion en rafle ou débâcle.

Je vais décrire la manœuvre telle qu'on l'exécute dans les villes qui sont des foyers d'agiotage, comme Londres, Paris, Vienne et quelquefois dans les ports. On n'agit pas de même dans les villes secondaires qui n'opèrent qu'en succursales.

1° La fausse attaque doit s'effectuer par des courtiers subalternes qu'on entremet avec des instructions contraires aux vues de la compagnie, comme de proposer et vendre à bas prix quelque peu de la denrée que l'on veut accaparer. On confie d'ordinaire la fausse attaque à des courtiers marrons ou non titulaires, qui, n'ayant point d'exercice légal, ne peuvent pas se formaliser d'être bernés. On leur laisse quelque chose à glaner afin de ne pas trop les humilier. D'ailleurs, dans le commerce, nul ne peut se plaindre d'être dupé, surtout en courtage. Plus un homme est mystifié, plus il a les rieurs contre lui. Si le courtier s'aperçoit qu'on le lance pour la fausse attaque, il doit trahir le commettant et stimuler quelques acheteurs pour la denrée à l'avilissement de laquelle on l'emploie. S'il agit ainsi, les agioteurs qu'il aura joués prendront de l'estime pour lui et l'emploieront une autre fois dans les grands coups, car, en fait d'agiotage, on n'estime que les aigrefins, et rien n'est plus méprisé des spéculateurs qu'un courtier qui a du penchant à la bonne foi et à la probité.

2° Le courtier de contre-police est un agent peu favorisé qu'on entremet en sous-ordre dans l'opération, pour tenir en haleine l'agent principal qui est initié au plan. Celui-ci est d'autant plus actif et discret au moment de la râfle, qu'il craint la concurrence d'un rival admis partiellement à coopérer. La ligue, avant d'agir définitivement, scrute par le courtier de contre-police l'état de l'opinion. L'on vérifie par ses rapports si les courtiers initiés ont su donner aux esprits les impulsions convenables ; s'ils n'ont point ourdi quelque trahison en formant une contre-ligue d'accaparement ou en n'accusant pas quelque partie bonne à acheter et qu'ils détourneraient pour leur compte.

3° Les courtiers qui sont, selon les cas, courtiers de râfle ou courtiers de débâcle, sont chargés des manœuvres insidieuses, reconnaissances de la place, tableaux des masses d'approvisionnements. Ils sondent l'effet des trames ourdies par la ligue, ils constatent l'état de l'opinion et l'instant d'opérer. Quand toutes les mesures sont prises, on les envoie arrher tous les magasins. Par une carte donnée à double, on déclare la hausse et on envoie aux gazettes un article pour vanter les vastes conceptions des profonds spéculateurs qui ont opéré avec une rare sagacité pour le bien du commerce immense et de l'immense commerce des amis du commerce.

Les manœuvres varient suivant la denrée sur laquelle on opère. Par exemple, s'il s'agit d'une famine, on n'augmente pas subitement les prix, on manœuvre en alarme graduée. L'agence fait former mystérieusement dans les villes de tripot quelques petits magasins de blé ou de farine qu'on fait semblant de tenir cachés, et qu'on place à dessein en lieux très-visibles, en rues bien fréquentées, afin que le public en raisonne. En même temps la coterie répand des augures sinistres sur la prochaine famine; les affidés feignent de brocanter avec éclat en une seule bourse, et à très-haut prix, diverses parties qu'on fait traiter entre compères dont le marché est simulé et ne sert qu'à répandre l'alarme. Là-dessus les gobe-mouches mordent à l'hameçon, s'animent, s'acharnent, se disputent les grains. Tous les capitaux sont distraits pour l'agiotage ; les fabriques sont paralysées, les ateliers fermés, les ouvriers réduits à la mendicité ; le peuple est saisi d'effroi, et les accapareurs font prôner dans quelque *factum* la liberté du commerce, qui va sauver l'État des horreurs, des dangers de la famine. Ainsi fut conduite celle de 1811, et il est dans l'ordre que ceux qui organisent la famine se donnent les airs d'en avoir préservé le public assez sot pour les croire, et que l'Etat adresse, comme Pourceaugnac, des actions de grâces au fripon qu'il devrait étouffer.

On peut déjà entrevoir que les Bourses et Courtiers étant les ressorts de tout cet agiotage, il est non-seulement dangereux d'en créer où il n'y en a pas, mais absurde de ne pas les surveiller et déjouer là où elles existent : d'où il suit que la plus stupide opération qu'ait pu faire la politique moderne a été d'affilier les Bourses et Courtiers selon les méthodes jacobites.

Détails spéciaux sur les manœuvres de la Bourse.

Parmi les dictionnaires des arts et métiers on a oublié de composer celui de l'agiotage, qui pourtant mériterait le premier rang, car il n'est aucun art, parmi les beaux, qui puisse produire en peu de temps 30 millions de francs à l'artiste et 100 mille francs de rente aux entremetteurs subalternes et courtiers.

En attendant qu'un praticien commercial s'occupe à décrire et à classer les opérations d'agiotage, je vais faire entrevoir quelques évolutions de cette noble industrie. On me permettra de me servir des termes techniques. La Bourse a son jargon bien différent du style fleuri qu'emploient les journaux dans leurs narrés des prouesses d'agiotage. La Bourse est une lanterne magique dont les tableaux se succèdent avec rapidité. Là on ne perd pas une seconde en belles paroles ; on s'aborde sans aucune mention de chaud ou de froid ; on est laconique par urgence et trivial par prudence. Un puriste serait plaisanté à la Bourse, il faut y porter l'argot du métier : je soulignerai les termes empruntés à cet argot.

Pour décrire méthodiquement les opérations de Bourse, il faudrait commencer par la pivotale, qui est l'accaparement. Il faut tenir entre mains une grande masse de denrées. Pour opérer avec fruit, l'opération doit s'exécuter en plusieurs actes, avec intermèdes ou *soubresauts*, qui peuvent doubler et tripler le bénéfice. Acheter pour 10 millions de farines à 60 francs et les faire monter à 120, ce ne serait que doubler son capital. Il faut agir plus savamment, tripler, quadrupler le capital au moyen de *soubresauts*, qui est la manœuvre d'accaparement composé. Il consiste à vendre et à racheter plusieurs fois la même denrée. Les farines accaparées à 60 francs sont-elles montées à 80, on vend. Après quoi il faut manœuvrer pour les faire retomber à 70. Alors on rachète ; on remplit de nouveau ses magasins, puis on opère pour élever le cours à 90, c'est le moment de vendre ; après quoi il faut produire une nouvelle baisse pour racheter à 80 ; et puis exciter une *poussée* qui fasse *repiquer* jusqu'à 100, élever ainsi les prix par vibrations ou *soubresauts* qui, en fin de compte, auront triplé le bénéfice, qui n'eût été que double par la manœuvre simple ou hausse continue sans vibration de baisse. Les accapareurs vulgaires opèrent en ordre simple ; mais les vrais amis du commerce, les tripotiers de capitale qui ont dans leur manche quelque grand personnage, n'opèrent qu'en ordre composé.

Un brillant épisode à introduire dans un accaparement, c'est l'écroulement subit ou *dégringolade*, qui fait retomber inopinément les denrées à l'ancien prix, lorsque la hausse après plusieurs *soubresauts* était parvenue au plus haut période. Alors il y a beaucoup de joueurs culbutés, force banqueroutes, coups fourrés et bénéfices cachés pour les courtiers. On rachète à vil prix les magasins des trembleurs et des battus. On renoue une nouvelle intrigue qui rétablit bientôt la hausse et les soubresauts. Le principal [malheur] en agiotage étant le calme plat, le bon ordre, la stabilité des prix, il faut [esquiver] ce calme plat en hausse comme en baisse. Les agioteurs et courtiers n'auraient plus de belles proies si la denrée, une fois en hausse, restait long-temps à cours fixe. Il faut opérer une rechute pour acheter les magasins des trembleurs. D'ailleurs ces variations fréquentes animent les joueurs, et la denrée changeant vingt fois de mains, ses promenades laissent aux courtiers d'énormes bénéfices ; mais pour organiser ces fluctuations, il serait imprudent de n'employer qu'une seule manœuvre, comme les *soubresauts*. A force d'être connus et prévus, ils seraient de nul effet. Il faut alterner par des contrastes, comme l'écroulement, qui déconcerte les peureux, et pénètre le vulgaire de respect pour les profondes combinaisons des spéculateurs.

Quand on médite un écroulement, il faut avoir soin d'y compromettre beaucoup de seigneurs opulents et des négociants obérés ; ce sont les deux classes qui se décident le plus vite à franchir le pas et à vendre en débâcle. En général, les nobles sont joueurs et impatients dans la perte : quand on les charge d'une denrée et qu'elle tombe en désarroi, ils ne savent pas se *retourner*, recourir aux ventes de consommation ; ils *sacrifient l'article* et *lâchent* leur magasin à vil prix : il en est de même des marchands obérés parce qu'ils se *refont* sur la banqueroute qui les *remet au pair* et souvent en bénéfice.

Lorsque les gazettes annoncent qu'il y a chaque semaine 50 banqueroutes à Londres, 25 à Dublin ; quand on en a vu à Paris jusqu'à 150 en une quinzaine, d'où pourraient naître ces innombrables banqueroutes sinon d'une manœuvre de spéculateurs où les vaincus se *refont* par la banqueroute du désastre que leur ont causé les vainqueurs?

Dans ces crises qui nécessitent la banqueroute de quelques vaincus, la ligue victorieuse ne doit pas négliger l'opération de la *poussette*, ou envoi de courtiers habiles à des négociants embarrassés qu'il faut pousser à la faillite. Rien ne serait plus malséant qu'une faillite régulière dans laquelle on livrerait les marchandises et autres valeurs quelconques aux créanciers et à la justice : il faut que les spéculateurs soufflent la proie aux gens de loi. S'aperçoit-on que Dorante est surchargé de denrées à la baisse et peut plier sous le faix, on lui envoie un éloquent Courtier pour accélérer la faillite ; celui-ci débute par des diatribes contre le gouvernement qui ne protége pas le commerce. On doit tout rejeter sur le compte du gouvernement, c'est une habitude que Bonaparte a donnée aux agioteurs. Dans le temps où la France n'osait souffler le mot sur les conscriptions et autres gentillesses, les agioteurs avaient plein droit de clabauder contre le gouvernement et de lui attribuer tout l'odieux de leurs intrigues et friponneries. Cette critique du gouvernement étant une excuse bonne ou mauvaise, il faut débuter par là vers le négociant que l'on veut déterminer à la faillite, lui insinuer que dans certains cas on est obligé de recourir à des mesures extrêmes, lui citer ceux qui ont pris le parti de la probité en accommodant à 50 °/₀ avec leurs créanciers; représenter qu'un habile notaire sait arranger tout en une quinzaine. Alors, le spéculateur obéré, qui déjà préméditait la banqueroute, feint de se laisser entraîner par la force des raisonnements et l'empire des circonstances et les fautes du gouvernement qui ne sait pas protéger le commerce. Il faut que le Courtier ait une forte somme en or à lui offrir contre des marchandises afin qu'il puisse détourner cette somme et en frustrer ses créanciers dans le cas où ils seraient récalcitrants. Avec cette somme offerte à propos on obtient les magasins à vil prix. Le Courtier doit faire observer au négociant que cette mesure est nécessaire pour le bien des créanciers, pour les tenir en respect, les garantir de leurs passions et de l'influence de quelques brouillons qui pourraient envenimer l'affaire et entremettre la justice ; il n'y a qu'un moyen de les maîtriser, c'est de détourner force argent dont on leur rend une partie moyennant l'accommodement. Un Courtier qui saisit l'à propos pour donner ainsi la *poussette* au banqueroutier, obtient de lui une forte provision, en lui représentant que si cette vente au-dessous du cours venait à être connue, elle décréditerait l'agent qui l'a faite; le failli préméditant adhère à tout, bien satisfait de trouver un courtier qui le prévienne et qui lui sauve les propositions de ventes secrètes et autres gentillesses auxquelles il feint de se décider avec une extrême répugnance.

Dans un traité régulier des opérations de la Bourse, il faudrait aller par gradation et décrire d'abord la broutille, les vulgarités du métier, par exemple le *Ricochet*. C'est la plus simple des manœuvres de courtage. Il consiste à faire passer une denrée en main tierce avant de la faire parvenir à celui qui en fait la demande et qui en a l'emploi. Dans ce cas le Courtier et son prête-nom partagent le bénéfice intermédiaire; c'est la ressource des Courtiers et débitants qui n'ont pas de fonds disponibles pour s'adjuger les marchés avantageux.

Le ricochet est une amorce qu'on ménage à celui qu'on veut entraîner dans l'agiotage, on lui remet en passade un marché dont la revente est faite d'avance à plus haut prix. Ces bonnes aubaines sont fréquentes dans les jours de *bon temps*, elles amorcent puissamment un capitaliste qui craignait de s'engager dans des affaires inconnues. Manque-t-il de magasins! on lui vend avec la faculté d'enlever dans 15 jours et souvent la revente est faite le jour même. Ce fut ainsi qu'en 1808 sur les denrées coloniales, en 1811 sur les grains et farines, on parvint à créer tant de menus tripotiers : la plupart des nobles, surtout en Hollande et en Belgique, se trouvèrent gorgés de denrées coloniales au moment de la baisse ; on les avait d'abord amorcés par des ricochets, bénéfices assurés qui aguerrissent le trembleur. A la Bourse comme aux banques de jeu on a des méthodes futiles pour la recrue, très nécessaire en agiotage, car si le nombre des joueurs était petit, les coups fourrés, pièges et tricheries seraient promptement découverts et il deviendrait impossible de tenter et de mener à bonne fin de grandes opérations. Ainsi tout est lié dans le docte système de l'agiotage et la plus petite manœuvre, comme le ricochet, en servant à lever des recrues, prépare les voies aux grands coups de l'art, qui exigent une nombreuse cohue d'agiotage ; c'est le plus sûr moyen de masquer les trames et d'assurer les succès des meneurs.

Je me borne ici à préluder sur leur savoir-faire, il eût fallu les signaler plus en détail ; montrer l'imbécillité du siècle qui les entoure de considération, l'étourderie de la législation qui les affranchit de toute surveillance, les autorise à des manœuvres de conspiration ouverte, comme des syndicats d'affiliations, envois de courriers extraordinaires, etc, etc. Le peu que j'en dirai dans cette section doit suffire pour donner l'éveil, surtout si on considère que de la chute des Bourses, Courtiers et attirails d'agiotage dépend l'établissement de l'entrepôt concurrent, qui doit doubler sans aucun impôt les revenus des gouvernements et mettre un terme à tous les désordres qui affligent l'industrie agricole et manufacturière.

CHAPITRE V.

DÉFINITION DES BOURSES DE COMMERCE.

Voici le chapitre par où il eût fallu commencer, mais j'ai fait observer qu'il était à propos de placer la pratique avant la théorie et de produire quelques tableaux de la Bourse avant les notions primordiales, et je vais peindre le vice qu'il faut abattre pour enrichir les gouvernements et les peuples. Est-il de sujet plus digne d'attention ?

Une Bourse de commerce est une assemblée de commerce *mystérieuse* et *cabalistique*, *spontanée* et *périodique*, où les négociants, capitalistes et opérateurs quelconques traitent de deux manières, soit directement de l'un à l'autre, soit indirectement par l'entremise de Courtiers qui perçoivent sur le marché consommé une provision convenue. Les Courtiers sont accessoires et non pas de rigueur à la Bourse; les quatre caractères de *mystérieuse*, *cabalistique*, *spontanée* et *périodique* sont de rigueur, et pourtant aucun décret ne peut les faire naître, ni créer une Bourse là où ces conditions élémentaires n'existent pas. La Bourse peut exister sans aucuns Courtiers, il est facile à une centaine de négociants de s'aborder et de traiter des marchés, ce qu'ils font chaque jour sans entremetteurs, tandis que 100 courtiers réunis ne pourraient pas entre eux tous traiter seulement d'un tonneau de sucre sans l'autorisation des marchands qui en font la vente ou l'achat.

La Bourse est *mystérieuse* et *cabalistique*. Le mécanisme commercial n'étant que fausseté, intrigue et pièges, un négociant ne veut ni à la Bourse ni au comptoir que l'on puisse pénétrer son secret. L'on ne peut pas rassembler en Bourse les marchands d'une petite ville où l'intrigue serait facile à pénétrer et où il n'y a souvent aucune intrigue suffisante pour alimenter ce tripot. Certains genres de négoce ne prêtent pas aux intrigues, entre autres celui de consommation locale ; une ville réduite à pareille industrie ne peut pas tenir Bourse, d'autre part, l'obstacle est dans le petit nombre de négociateurs ou autres causes. Raisonnons sur l'absence des intrigues.

On ne saurait mieux comparer la Bourse qu'à un bal masqué. Ce n'est pas le nombre des personnes qui en garantit l'entrain. Dans les villes, on voit au théâtre un bal public avorter avec plusieurs centaines de masques, rester froid et dégénérer en cohue insignifiante ; à quelques pas de là, on trouvera dans un salon une vingtaine de masques dont la séance est intriguée, piquante, joyeuse. Il en est de même des Bourses de commerce, il faut commencer par y organiser la cabale et les mystères, à défaut de quoi la Bourse n'est plus qu'une cohue glaciale et sans objet, comme il arrive aux jours appelés le *mauvais temps*, le temps de l'honnête industrie ou du négoce de consommation qui ne prête pas aux cabales de Bourse. Il est donc des villes où nul décret ne peut créer le tripot, parce qu'elles n'en ont pas les éléments. Seulement ce n'est pas la partie la plus nombreuse des industrieux qui alimente la Bourse, on ne voit pas à Lyon ni à Rouen les fabricants fréquenter la Bourse, et pourtant ils sont six fois plus nombreux que les marchands de matières. Ceux-ci viennent assidûment à la Bourse, parce que le commerce des matières est fort intrigué, fort adonné aux cabales mystérieuses et aux menées de spéculation. A Lyon, les courtiers de soie, qui sont de puissants seigneurs, paraissent peu à la Bourse, excepté dans les instants d'agiotage sur les matières ; mais ce n'est guère à la Bourse que se traitent les achats de fabrique, elle n'est précieuse que pour les enlèvements de matières, qui sont tripotage et non pas consommation.

Dans les villes très-grandes on se rassemble volontiers en Bourse, parce que le nombre et la variété des genres de commerce suffit pour masquer les intrigues. Du moment où elles sont compliquées au point d'être impénétrables, chacun se prête à aller négocier, mais dans les villes moyennes où les jalousies sont plus actives et les relations très-connues, très-uniformes, on lirait sur la figure de chacun ses intentions secrètes; les négociants y sont plus disposés à plaider et à se calomnier qu'à traiter ensemble. Si l'on essayait de les rassembler en Bourses par autorité, on courrait le risque d'en voir plus d'un dévisager son rival, et de n'organiser que des négociations à tire-cheveux. Les villes orgueilleuses comme Rhodez et Dijon, qui ont demandé une Bourse, auraient mérité que, pour confondre leur prétention ridicule, on condamnât leurs marchands à tenir effectivement quelques séances de Bourse ; il est à peu près certain que dès les premières séances on aurait vu des scènes fort comiques en paroles et en actions et dont le recueil aurait corrigé les petites villes de la manie de vouloir une Bourse.

Dans les villes moyennes en grandeur et pourtant très-commerçantes comme Amiens, Orléans, Montpellier, les jalousies sont déjà bien tempérées par la multitude des rivaux et la variété des fonctions, et cependant la défiance est encore assez forte pour que ces villes qui ont une masse de négociants et d'affaires, bien suffisante pour tenir une Bourse, refusent de la tenir en dépit des décrets qui la provoquent. La Bourse est donc une assemblée *spontanée* qu'aucune autorité ne peut créer. Ceux qui ont fondé jusque dans des villages tant de Bourses et Boursillons en perspective, ignoraient que les marchands ont, comme les autres hommes, des passions dont la plus violente est la jalousie de métier : or, comment remuer cabalistiquement des marchands de petites villes, tous possédés de la manie de se nuire et de se contrecarrer, gens parmi lesquels il ne règne aucune intrigue de rapprochement?

La Bourse a pour 4e caractère *la périodicité*. Si l'on convoquait la Bourse comme le conseil d'état sans fixations de jours, ni d'heures périodiques, aucun agioteur ne réserverait d'intrigues pour ces séances fortuites et imprévues. En s'y rendant, on décèlerait un empressement suspect, un embarras caché, le mystère ne serait plus à couvert et chacun répondrait à la convocation qu'il n'a aucune affaire assez urgente pour s'y rendre ; mais la périodicité donne aux intrigues un masque de promenade récréative, de réunion indifférente; un agioteur qui va à la Bourse frapper quelque grand coup vous dira froidement qu'il va y faire un tour, voir si l'on dit quelque chose de nouveau et n'aura pas l'air de songer aux affaires, tandis qu'un parasite gobe-mouche qui va à la Bourse pour y musarder aura l'air préoccupé et absorbé par les intérêts de l'immense commerce des amis du commerce.

Un savantas proposa un jour dans les journaux de placer la Bourse de Paris à l'hôtel de Soubise fort éloigné du chaos mercantile ; aucun agioteur n'y serait allé, moins pour la peine de s'y transporter que par la crainte de manifester par ce long voyage trop d'empressement à négocier. Il faut faciliter l'intrigue en la voilant. Toute Bourse est abandonnée si on ne l'héberge pas dans un local et à une heure convenables à l'intrigue périodique et au développement des 4 caractères indiqués.

En résumé, la Bourse ne pouvant s'organiser et se maintenir sans les 4 conditions, elle se crée d'elle-même en cas de chances et d'éléments suffisants ; elle naît, pour l'ordinaire, d'un germe appelé *Boursillon* ou *Boursillette* qui stationne dans un café, dans une halle ou tout autre lieu central. Sans ce germe, aucune provocation ne peut amener cette réunion ; aussi ne s'en est-il pas établi dans les villes où l'on en a créé, et il serait bien fâcheux qu'il y en existât.

On disait autrefois que le roi ne pouvait pas faire un marquis. Il l'aurait bien créé, titré, mais non pas légitimé dans l'opinion. Il en est de même des Bourses, tous les décrets n'ont pas pu en fonder une seule. Comment un décret forcera-t-il des négociants à tenir Bourse dans les lieux où cette assemblée ne leur offrirait pas les 4 conditions garantes du bénéfice ? Le négociant dit avec raison qu'il ne travaille pas pour la gloire mais pour le profit. De là vient que les municipaux de petite ville qui ont voulu par gloriole avoir une Bourse, n'ont heusement pas pu et ne pourront pas en organiser les séances. Les savants politiques de Rodez et de Dijon n'avaient pas pesé toutes ces considérations quand ils firent la demande d'une Bourse dont la France commerçante a ri aux éclats. Ces villes n'ont-elles pas agi comme le bambin qui, à peine capable de soutenir un hochet, prend fantaisie d'un grand sabre qu'il voit porter au cavalier ?

CHAPITRE VI.

CLASSEMENT DES BOURSES DE COMMERCE.

On conviendra qu'il existe une immense différence du commerce de Londres au commerce de Rhodez, différence du colosse à l'atome. On ne doit donc pas confondre sous le même titre les Bourses de ces deux villes. Il faut les distinguer comme on distingue un cardinal d'un vicaire de campagne. Tous deux sont prêtres, mais sous des titres différents.

Il faut de même établir des nuances entre les Bourses et les *Boursiquettes ;* il faut établir une distinction dans cette cohue de Boursillons et Boursillettes, les différencier par des noms analogues à leurs fonctions, par des diminutifs que j'adopterai selon l'acception que l'usage leur attribue.

On pourra me dire qu'il n'est pas besoin de les classer si exactement, puisque je propose une opération qui les supprimera toutes. Raison de plus pour prendre connaissance exacte de leur emploi et de leurs ridicules. Procédons au classement.

On peut admettre 5 genres et 12 espèces de Bourses de commerce : leur nomenclature est un détail facétieux, mais nécessaire pour les apprécier. Je ne fais pas usage du nom de *Bourse*, puisqu'il est collectif et s'applique à toutes indistinctement.

GENRES.	ESPÈCES.
L'utile comprend.......	Les Boursons, et Boursillons.
Le vicieux.............	Les Boursailles, et Boursicailles.
Le scandaleux.........	Les Boursasses, et Boursillasses.
Le mixte...............	Les Boursottes, et Boursicottes.
L'innocent.............	Les Boursettes, et Boursiquettes.

Transition. Les extra-bourses et les amphi-bourses.
Diffraction. Les Boursillonnettes.

Quelque plaisant que puisse paraître ce tableau, nous en tirerons des conséquences bien sérieuses. Plus nous établirons de distinctions futiles en apparence dans ce classement, plus nous disposerons les esprits à goûter le système gradué en *Bourses d'agriculture*, qui sont l'antidote des ulcères politiques appelés *Bourses de commerce*. Avec toute autre nation que les Français, j'aurais annoncé la distinction sur les Bourses d'agriculture dont je traite au chapitre suivant; mais avec les Français, qui veulent des facéties, il convient de saisir le côté plaisant du débat. Procédons aux définitions spéciales et génériques.

1° *Genre utile. — Les Boursons et Boursillons* seraient des assemblées étrangères au tripot d'agiotage et de spéculation, et livrées en grande majorité au négoce de consommation. Il a pu exister des Bourses de ce genre lorsque l'agiotage n'était pas le thermomètre exclusif [ ], lorsque le commerce était moins morcelé, moins compliqué par la foule des parasites, lorsque les chefs de maison étaient des hommes rassis, peu enclins aux jeux de hasard, moins aventureux que les adolescents qui dirigent aujourd'hui les comptoirs, et qui veulent arriver subitement à la fortune par des coups de partie. J'estime que les nations graves et privées de colonies, comme les villes anséatiques, ont pu, il y a un siècle, réunir dans leurs Bourses de commerce les caractères de prudence que je viens de décrire. Alors la Bourse de Hambourg méritait le titre de *Bourson* et celle de Brême le titre de *Boursillon.*

Tel était à peu près Rouen avant la révolution, ville très-peu livrée à l'agiotage et beaucoup à l'industrie utile. Aussi la Bourse y était-elle peu active malgré la grande quantité de négociants. C'était un Bourson ou assemblée de genre utile. Dunkerque, ville assez sage dans le négoce, pouvait avoir un Boursillon. Ces villes ont bien dégénéré du bon esprit qui y régnait alors. L'agiotage y prédomine comme dans toute la France, et leurs Bourses peuvent être classées dans le genre suivant.

2° *Genre vicieux. — Les Boursailles et Boursicailles* sont une réunion de tripotiers qui agiotent par passion et par habitude, quelquefois confusément et sans aucun plan. Telles sont les Bourses de Marseille et de Bordeaux, où chacun ne rêve que le tripotage forcené sur les grains, liquides et denrées. Les Marseillais et Bordelais sont des partisans frénétiques des jeux de hasard. Le vrai bonheur pour eux est de passer les jours et les nuits au jeu. Leurs négociants portent le même esprit dans les affaires commerciales. Ces villes sont toujours dans la fluctuation des prix. Leur Bourse est le vrai type des *Boursailles.* Quant aux *Boursicailles*, on les trouve dans les réunions plus petites et de même caractère. Montpellier, si l'on y tenait Bourse, aurait une Boursicaille ou petite réunion de tripotiers acharnés. Il n'est pas de joueurs plus acharnés que ces brocanteurs d'eaux-de-vie et vins du Languedoc, témoin les marchés de Pézénas, cette petite ville dont les habitants surpassent les Gascons même pour la quantité, l'audace et la volubilité des mensonges. Ses tripotiers jouent leur fortune aux dés dans les ventes à livrer, et Pézénas, aux jours de foire et de marché, réunit assez exactement les caractères des Boursicailles.

3° *Genre scandaleux. — Les Boursasses et Boursillasses*, assemblées qui donnent l'impulsion. Telles sont les directions suprêmes d'agiotage, réunions démoniaques occupées à bouleverser méthodiquement les empires et l'industrie générale. Dans ce genre sont les Bourses de Londres, Paris et Vienne, où les agitateurs coalisés organisent les calamités publiques, les famines et pénuries, qui, par des avis anticipés, se reproduisent au même instant dans les provinces et les royaumes voisins.

En fait de Boursillasse, on peut citer Trieste, petite ville grandement tripotière et bien avisée pour les coups de filet. Bâle a des liaisons de même espèce avec les directions suprêmes d'agiotage, dont les Bâlois sont les fidèles coopérateurs. Si cette ville avait une Bourse, elle serait digne du titre de *Boursillasse.*

4° *Genre mixte.* — *Les Boursottes et Boursicottes*, assemblées qui participent des trois genres précédents, réunissant une masse de négociants utiles,—une troupe d'agioteurs isolés,—une coterie d'agioteurs affiliés avec les boute-feu des capitales qui impriment le mouvement pour les famines et autres opérations transcendantes. La *Boursotte* doit produire plus de négociateurs utiles que de nuisibles, sans quoi elle retomberait dans la série des Boursailles et Boursasses où prédomine le vice. Un modèle en ce genre est la Bourse de Lyon, vraie Boursotte qui réunit en proportion régulière les trois classes d'opérations précitées. Il y a *Boursicotte* à Lille et à Bruxelles, qui offrent des réunions plus petites, mais aussi régulièrement mélangées que celle de Lyon.

5° *Genre innocent.* — *Les Boursettes et Boursiquettes* sont des assemblées sans organisation fixe, des germes de Bourse qui se tiennent ordinairement dans un café ou autre lieu public. Certaines villes, comme Gand, ont Boursette sans avoir Bourse. Lyon, avant la révolution, n'avait que Boursette aux cafés des Terreaux. On tient, à la foire de Beaucaire, une Boursette au café Quet. Les Boursettes sont peu malfaisantes; le haut agiotage y figure faiblement ; mais si on les métamorphosait en Bourses légales, ce serait donner plus de relief à l'agiotage. Les Bourses les plus somptueuses ont été dans l'origine réduites au rôle obscur de Boursettes. Séville tenait mesquinement sa Bourse dans le corridor de la cathédrale ; mais l'archevêque et le chapitre menacèrent d'excommunier et de damner tout le commerce : il prit l'alarme et se cotisa pour construire le magnifique édifice de la Bourse de Séville, qui sert, en outre, de siège aux tribunaux. Aujourd'hui, où tout le monde social est à la régénération, ce sont les gouvernements qui font les frais des palais des Bourses, générosité surprenante dans Bonaparte, qui faisait tout payer aux usufruitiers, même l'instruction publique.

Les *Boursiquettes* sont des réunions de trafic subalterne qui a lieu dans un corridor de la halle, autour d'un grand cabaret aux jours de marché et de foire. On y opère le verre à la main ou à grands coups sur le dos suivant l'usage populaire. Il doit y avoir Boursiquette à Rhodez pour la vente des bœufs. Dans ces réunions, le paysan, toujours astucieux, entremet l'agent essentiel de l'astuce, un courtier dédéguisé ou compère, bien endoctriné, à qui l'on promet de payer pot. Ainsi, quoique l'Almanach du Commerce nous dise qu'il n'y a qu'un courtier à la Bourse de Rhodez, je gagerais qu'il y a plus de 50 courtiers paysans pour la vente des bestiaux et autres commerces, dont le département de l'Aveyron a la fourniture.

Tels sont les divers genres et espèces de Bourses. Les économistes avaient oublié de nous en donner le tableau. Ajoutons, pour les compléter, qu'il existe en transition des sous-Bourses ou succursales qui sont des réunions antérieures ou postérieures à la véritable Bourse dont elles prennent tous les caractères. Ainsi, la Bourse de Paris étant une Boursasse, on doit nommer *post ou sous-Boursasse* la réunion qui a lieu à l'issue de Bourse dans le jardin du Palais, et qui forme un accessoire ou arrière-faix de la grande Bourse. Il y a *pré-Boursaille* à Anvers, où l'on tient une avant-Bourse sur la place de Meïr. Il y a à Londres, au café Lloyd, un *amphi-Bourson* considérable: c'est un Bourson d'assurance, d'industrie utile et distincte de la grande Bourse. Toute ville où l'on tient Bourse régulière a communément un café ou autre lieu public servant de local accessoire aux négociations de Bourse. A Lyon le café Grand, où s'assemblent les courtiers, est une petite *sous-Boursette.* S'il y a dans Lille et Bruxelles un café de pareil rassemblement, ce café, ainsi que la société commerciale qui le fréquente, ont droit au titre pompeux de *sous-Boursicotte* de Lille.

Diffraction. — Les Boursillonnettes. Voici un camouflet pour les amis de l'immense commerce et du commerce immense pour le bien du commerce. Eux qui veulent organiser des Bourses dans les villes comme Dijon, où il est impossible d'en établir, pourquoi n'en créent-ils pas dans les lieux où le germe est déjà existant, revêtu des 4 caractères exigibles? On trouve ce germe dans chaque village catholique. Le dimanche, chaque matin, la chrétienté présente avant la grand'messe 40 millions d'amis du commerce réunis sur les cimetières ou au-devant de l'église, long-temps avant la messe et long-temps après, pour y tenir une véritable Bourse, mystérieuse, cabalistique, spontanée, périodique. C'est là que Gros-Jean et Gros-Pierre, tout en feignant de regarder courir l'air, s'abordent comme par hasard, et négocient la vente de leurs bœufs et cochons, quelquefois même le mariage de leurs filles, dont ils font bien moins de cas que de leurs vaches. Ces réunions de paysans semblent attirés par la messe, et pourtant on arrive une heure auparavant. La rencontre paraît fortuite, condition requise dans les Bourses peu nombreuses, comme celles de village. Elles ne pourraient pas avoir lieu si on les convoquait à une autre heure, si l'on ôtait le prétexte de la grand'messe qui favorise les ruses des paysans et leur indifférence affectée sur les marchés qu'ils méditent à cette Bourse masquée; et ils tiennent si exactement séance, que le curé en surplis est obligé de faire le tour du cimetière pour les arracher à leur profane trafic, et de les interpeller nominativement, avec de rudes semonces, pour les forcer à entrer à l'office. J'appelle ces réunions *Boursillonnettes*, parce qu'elles sont utiles, ne roulent que sur le commerce de consommation. Elles sont donc appendice et diminutifs des Boursillons. Elles ont des courtiers, et de très habiles, tous élevés à tromper, astucieux, excellant comme les Juifs dans le noble métier du courtage.

Si les fondateurs de Bourses avaient été moins bornés dans leurs vues, ils auraient aperçu dans cette coutume villageoise le germe de 60 000 boursillonnettes qu'un seul décret pouvait fonder dans la France, fort étendue en 1810. A quoi serviraient, dira-t-on, ces 60 000 avortons de Bourses, puisque aujourd'hui toutes les Bourses de commerce deviendraient inutiles dans le cas d'entrepôt concurrent? Il n'importe: les Boursillonnettes auraient été un germe utile, étant du genre n° 1, des Boursons et Boursillons; mais ce serait trop prolonger la discussion que s'engager dans aucun détail sur l'influence d'un tel genre d'établissement qui n'était pas à négliger. Je le cite pour remarquer que nos régénérateurs mercantiles n'envisagent rien en système général, et ne font aucun usage de ce flambeau de l'analyse qu'ils nous vantent. S'ils avaient su analyser et caractériser les Bourses de commerce, ils auraient reconnu que le germe s'en trouve dans chaque village. De là serait né le problème de savoir s'il est bon de créer une Bourse partout où s'en trouve le germe, c'est-à-dire dans tous les villages, question de haute importance puisque les Bourses de village sont de la 1re espèce, qui est utile conditionnellement. Ce sera le sujet du chapitre suivant.

CHAPITRE VII.

CONCLUSION SUR LES BOURSES D'AGRICULTURE.

J'ai promis que les facéties précédentes sur les Boursicottes et Boursiquettes conduiraient à d'importantes conclusions. Nous allons y passer.

J'ai donné dans ce premier titre un tableau fort abrégé des inepties législatives qui ont armé le commerce contre les peuples en lui organisant des arènes d'agiotage ou Bourses. Au tableau des prouesses de Bourse il faut ajouter celui des prouesses des Courtiers ou valets de Bourses, qui seront le sujet du 2e titre. Pour clôture de celui-ci, indiquons au sujet de la Bourse les mesures qui auraient opéré à contresens des économistes en créant des Bourses d'agriculture et non de commerce, en donnant au peuple agricole et manufacturier des moyens de ralliement contre l'agiotage, l'usure et autres menées des Bourses mercantiles.

J'ai gradué régulièrement la définition de ces tripots, parce qu'il est de règle d'analyser le mal dans toutes ses phases avant de disserter sur l'antidote. Les nuances de Boursicailles et Boursillasses ont conduit par degrés au germe imperceptible du bien qui est la Boursillonnette de village. Nos sublimes politiques n'auraient pas jugé dignes de leurs regards ces commérages de paysans à la porte de l'église. *Aquila non capit muscas.* C'est pourtant dans ces humbles réunions qu'est le germe du mécanisme qui doit écraser la tête du serpent. Ainsi l'on vit naître dans une étable, entre le bœuf et l'âne, le Messie qui devait renverser les autels de Jupiter.

Orateurs mercantiles et mercenaires, qui nous rebattez de visions sur le bien du commerce, qu'avez-vous fait pour l'agriculture, dont le commerce n'est que le valet et le spoliateur ? Elle est livrée à l'usurier, dépourvue de l'unique secours qu'elle ait à désirer, *c'est l'avance hypothéquée.* Vous n'avez rien fait pour elle tant que ce secours ne lui est pas assuré. Elle ne présente (surtout dans ce temps d'impôts accumulés et de récoltes avortées) que des malheureux expropriés de leur champ pour avoir du pain. S'ils trouvaient un prêt à modique intérêt de 5 p. °/₀ , on les verrait l'année suivante s'escrimer de travail pour racheter leur héritage. L'usurier ne leur en laisse pas le temps. Les intérêts et les besoins s'accumulent, et pourquoi ? Parce que le système de commerce mesonger a concentré tous les capitaux dans les villes, entre les mains d'une classe ennemie du petit propriétaire. Aussi est-il reconnu qu'un homme pécunieux qui vient s'établir dans un pauvre village parvient en peu d'années à absorber les terres de la majorité des paysans, qu'il ruine par les avances et les agios usuraires. Ces menus cultivateurs ne trouveraient leur salut que dans l'établissement qui leur donnera de petites sommes à modique intérêt, avec faculté de remboursement en divers termes, et autres facilités que l'usurier a soin de refuser pour arriver à son but, à l'envahissement du champ qui nourrit une pauvre famille.

Parlons du remède. J'ai dit qu'il se trouve dans cette assemblée risible qui se tient à la porte de l'église.

La Boursillonnette nous découvre dans chaque paysan un penchant à se coaliser contre les vexations commerciales. On les voit empressés de se rendre à la séance, et orgueilleux d'y figurer activement dans les colloques et intrigues sur les foires passées et à venir. Le paysan aime à trafiquer et à lutter contre l'astuce ; il va, sous les plus frivoles prétextes, perdre un temps infini dans les foires et les marchés. Ainsi, tout paysan serait flatté d'avoir dans son village une succursale ou annexe de l'Entrepôt Concurrent, un foyer de correspondance et de renseignements commerciaux, par lequel chaque village maîtriserait tout le mécanisme commercial. On ne peut pas en donner une à chaque hameau, mais une seulement par 12 ou 1500 habitants. Il serait onéreux de fonder l'annexe pour un plus petit nombre, comme 4 à 500.

La fondation ne coûterait rien à l'Etat. Les paysans et propriétaires en feraient les frais, les uns en avances, les autres en corvées par l'appât des avantages énormes que cet établissement leur vaudra, et qu'il suffira de constater par une première épreuve. J'en vais résumer les trois principaux :

1° D'avoir l'assortiment de nécessité, soit en magasin local, soit par corrrespondance régulière, de toutes les marchandises contenues au grand entrepôt des villes centrales. Par exemple, ce ne sera pas dans un village de 1500 habitants qu'on entreposera les riches tissus de Lyon et de Cachemire, mais on fournira son entrepôt de tout objet dont on peut espérer consommation locale, de ce que les paysans vont acheter dans les foires. On y tiendra entre autres une pharmacie toujours assortie en drogues fraîches qu'on ne trouve pas dans les campagnes et au même prix qu'à la ville, sauf une légère indemnité pour frais de gestion et de transport.

2° Les tableaux de proposition, l'assortiment d'offres, les échantillons en comestibles et étoffes de tous les objets entreposés à la grande ville, et qu'il serait hasardeux d'envoyer à l'annnexe de village. Par exemple, on ignore s'il plaira à des bourgeois d'un canton d'acheter des objets de luxe, comme de l'huile d'Aix, des liqueurs fines : il en trouvera toujours à l'annexe un flacon qu'il peut acheter pour essai, et qu'on fait renouveler le lendemain par la correspondance habituelle en y ajoutant les commissions données. Dans l'ordre actuel, loin de trouver au village ces objets de luxe, on n'est pas sûr de trouver une bonne qualité dans une ville capitale, où l'on est trompé en tout sens. Il faut, pour s'en procurer, des correspondances ou voyages dispendieux et assez rebutants pour que le campagnard aisé renonce à une foule d'objets qu'il aurait envie d'acheter.

3° Un avantage bien plus précieux pour le paysan, ce sera l'avance d'argent au taux le plus modéré, 5 p. °/₀, avec les facilités de remboursement indiquées plus haut. L'entrepôt jouissant de plein crédit et d'immenses dépôts en numéraire, ne cherchera qu'à les prêter chez les propriétaires agricoles et manufacturiers qui seront l'unique ressource pour les placements. Le cultivateur, loin d'aller chercher des prêts à la ville, verra les entrepôts de la ville offrir leur superflu à la campagne. Il n'en coûtera aux divers cantons que la plus faible provision. Comparons pour un pauvre canton les avantages de l'entrepôt communal avec les privations qu'il souffre du mode actuel de commerce.

Damon fait vendre sur échantillon, en une ville voisine ou éloignée, ses récoltes dont il retire 10,000 francs net, provisions et frais déduits. L'entrepôt de son canton a l'emploi de 6,000 francs demandés dans le courant de la semaine par les paysans du lieu. Damon se hâte de placer ladite somme à son entrepôt, parce que tout argent qui retourne à sa source est exempt des frais de provision. Il en obtiendra donc 4 1/2 d'intérêt au lieu de 4 que donnerait la ville. Au bout d'un mois désire-t-il le remboursement subit? si l'entrepôt du canton n'a pas ladite somme, on fera payer par celui de la ville, parce que tous les entrepôts sont solidaires dans chaque province.

Le produit des récoltes de Damon retourne donc en avances aux habitants du canton producteur. Damon ne trouvera pas de placement plus avantageux, puisque l'entrepôt de la ville ne lui donnerait que 4 p. °/₀; car si tout entrepôt prête à 5, il ne peut payer que 4, distrayant une retenue de 1/2 pour la régie locale et 1/2 pour le fisc; mais le fisc ne percevant rien sur l'argent qui est employé à sa source, il reste à Damon 4 1/2, et il n'a aucun désagrément de procès ni délais avec les emprunteurs, de qui il n'obtiendrait que 5 sans faculté de remboursement subit. Dès lors l'usure ne peut pas exister, et le paysan ne peut pas être privé d'avances, car les riches propriétaires sont intéressés à placer sur les lieux dès qu'il y existe quelque besoin, et toute épargne du riche est dévolue en avances au petit propriétaire, sans que le riche ait le fardeau, l'embarras des rentrées et mesures de garantie, et une pauvre famille n'est jamais réduite à vendre son champ, ses bestiaux nécessaires, qu'après en avoir consommé la valeur bien peu diminuée par le modique agio de 5 p. °/₀ dont l'avance est grevée.

Pour jouir de tant d'avantages qu'en coûtera-t-il à chaque canton? La construction de l'édifice. Il y serait stimulé d'ailleurs par l'amour-propre. Il suffira de construire le premier entrepôt dans l'un des cantons pour en faire naître l'envie à tous les autres. Si chaque matador de village tire vanité de trafiquer le dimanche à la Boursillonnette, il se plaira bien mieux à se pavaner dans les hangars et comptoirs de l'entrepôt où il aura un compte ouvert, et où sera une véritable arène de négociations dans les genres applicables aux campagnes.

L'entrepôt ne sera pas un magasin ouvert à perpétuité, comme celui des marchands: il exigerait trop de gérants. On n'y tiendra séance qu'à jours et heures fixes. On y expédiera en peu d'instants les ventes et commissions quelconques, parce qu'on n'y perdra pas de temps à lésiner et marchander, les prix étant fixés d'avance par l'évaluation concurrente. Le paysan pourra y engager, sans les vendre, ses bestiaux et ses récoltes sur champ. Ainsi seront prévenues la plupart des transactions actuelles qui préparent et achèvent la ruine du pauvre.

Présumerait-on que les cantons puissent hésiter sur la construction?

Ce serait bien mal connaître l'influence de l'amour-propre et de la jalousie. Jugeons-en par une anecdote rapportée au chapitre précédent, sur la Bourse bâtie à Séville aux frais des négociants. Si on leur eût demandé, sans mettre en jeu les ressorts de l'amour-propre, une forte somme pour cet édifice, chacun aurait tiré de l'aile et payé des verbiages habituels sur la dureté des temps : « Il ne se fait rien ; nous ne gagnons rien ; nous perdons gros... » Mais il s'agissait de riposter aux agressions du prélat et de son chapitre : chaque négociant dut se plaire à l'idée de narguer l'archevêque et ses chanoines en négociant à leur barbe, vis-à-vis d'eux, dans un beau bâtiment, et sans risque des foudres de l'excommunication. L'architecte dut faire valoir ce trophée, et obtint des fonds non-seulement pour une Bourse, mais pour un beau palais de justice contenu dans l'édifice. L'amour-propre stimulera de même tous les villageois. Aucun canton de 12 à 1500 âmes ne voudra se priver de la concession de l'entrepôt et en laisser l'avantage au canton voisin. On en voit la preuve quand il s'agit d'établissements publics. Si l'autorité n'intervenait, les bourgades en viendraient aux hostilités pour se disputer un tribunal ; mais la concession de l'entrepôt pouvant appartenir à qui la voudra, sauf la construction, il est hors de doute que les villages la multiplieront au plus haut degré, qui est la répartition par 12 ou 1500 habitants, masse à qui il sera très-facile de construire l'édifice par les avances des riches et les corvées des pauvres.

Ainsi serait réalisée la rêverie des beaux-esprits qui voulurent, il y a dix ans, établir dans chaque village *un commerce immense et un immense commerce*. Quel négoce peut y établir l'ordre actuel ? Deux ou trois petits marchands bien trompeurs, bien exacteurs, un magasin mal pourvu par l'ignorance ou la mauvaise volonté ou par défaut de numéraire et de crédit. Au moyen de l'entrepôt communal chaque village aura soit en effectif, soit en échantillon les assortiments d'une ville de 150,000 habitants et de plus les prix-fixes et les garanties de qualité qu'on ne trouve pas à la ville dans l'ordre mensonger. On n'y trouve pas non plus l'avance hypothéquée à prix modéré pour les menus besoins des cultivateurs, et l'absence de ce dernier avantage est la source de l'indigence universelle, indigence que l'on a si bien nommée honte éternelle des sociétés civilisées, où tout concourt à élever l'homme pécunieux sur les ruines du pauvre, sans assurer au pauvre ni appui ni moyens de résistance aux empiètements du riche.

Si à tant d'avantages qu'offre aux campagnes l'Entrepôt concurrent on ajoute celui de doubler subitement le revenu fiscal, d'extirper comme par enchantement cette pénurie financière qui mine tous les gouvernements, on sentira la nécessité de suspecter les visions mercantiles et de reconnaître enfin qu'après tant de billevesées pour gorger d'or les agioteurs, il serait bien temps de spéculer sur la méthode opposée, sur le soutien du cultivateur, du manufacturier et des classes productives.

Puisque l'opération génératrice de ce bienfait ne tient qu'à la suppression de ces arènes d'agiotage nommées Bourses de commerce et de courtage, il faut, pour compléter leur accusation, passer de l'analyse du tripot légal ou rassemblement de Bourse aux tableaux des intrigues de ses Courtiers ou agents.

Ce sera le sujet de la section suivante.

INTERMÈDE.

LE MONDE A REBOURS OU LES ÉCREVISSES MERCANTILES.

On badine sur le monde à rebours, on en peint quelques scènes grotesques dans les caricatures, j'en vais montrer des scènes bien réelles et dont l'enchaînement est très-régulier. J'ai déjà convaincu de monde à rebours tout l'ensemble de la Civilisation ; nous allons descendre du tout à la partie, à la branche du commerce. Pour ne pas composer un chapitre interminable sur les travestissements mercantiles ou tableaux du monde renversé, je n'en produirai que trois.

1° *Rebours mécanique*, par l'effronterie des valets ou Courtiers qui se constituent en supérieurs, s'arrogeant le titre et les prérogatives de Bourse ou assemblée de commerce dont ils ne sont que facteurs et qui obtiennent sur cet empiètement double protection : celle du gouvernement leurré par des sophismes et celle des négociants terrifiés ou influencés par les menées clubiques de leurs Courtiers affiliés.

2° *Rebours politique*, par astuce des marchands qui se constituent en pivots de l'industrie productive dont ils sont les commis, prennent le pas sur elle et l'initiative sur ses débats d'intérêt, recueillent tout le fruit des faveurs que le gouvernement croit accorder à l'utile industrie, assez sotte pour se confondre avec le commerce mensonger qui l'avilit et la pressure.

3° *Rebours scientifique*, par la duperie des savants fascinés à l'aspect du faste des agioteurs mercantiles, déconcertés par l'insuffisance de leurs sciences, entraînés à encenser la classe marchande qui les méprise et qui spolie le fisc et le peuple en s'arrogeant le bénéfice du négoce intermédiaire que l'ordre véridique répartirait au gouvernement, à l'agriculture et aux fabriques.

Rebours mécanique : les Courtiers constitués en Bourse, prétention semblable à celle de quelques poignées de clubistes qui se disaient le peuple. Chacun hausserait les épaules sur les prétentions d'huissiers qui se diraient la cour de justice. Tel est le fait des Courtiers qui se disent la Bourse et l'on sait qu'un premier empiètement conduit à beaucoup d'autres. *Principiis obsta.*

Commençons par le ridicule, c'est le premier argument qu'il faut faire valoir avec les Français. Raisonnons sur la Bourse de Rhodez, elle a pour toute agence un Courtier, un seul, qui doit par conséquent subvenir à toutes les négociations de banque de commerce ; il est l'homme universel de l'Aveyron. S'il tombe malade, toute la Bourse de l'Aveyron est malade. Les fantaisies de cet agent, fût-il le sauvage de l'Aveyron, expriment la volonté suprême du commerce de l'Aveyron, représenté dans sa noble capitale par la Bourse de Rhodez, qui se compose d'un Courtier tout seul; car les négociants sont des cinquièmes roues selon le décret qui envisage la Bourse dans les Courtiers isolément ; et comme le Courtier Aveyronnais ne peut pas se contrecarrer lui-même ni en opinions ni en opérations, la Bourse de Rhodez a le rare avantage d'être toujours unanime et de n'avoir pas besoin d'assemblée. S'il a du sucre à vendre, il peut en demander dix francs la livre, ce sera le cours de la Bourse de Rhodez (qui heureusement ne sert pas de règle à celle de Paris et de Londres). Enfin il n'est sorte de prodige qui ne résulte de cette monogynie de Courtier ; elle paraît cependant un peu contraire à la concurrence qui ne peut pas se fonder sur l'intervention d'un seul homme. Je laisse aux beaux esprits de Rhodez le soin de débrouiller le problème.

Passons à la chance plus fréquente où les courtiers sont en nombre. Quel est le but de leurs assemblées secrètes ; s'y occupent-ils du bien public, ou d'agiotage, de coups de filet à faire alternativement sur chaque denrée ? Je n'en veux pour preuve que ce mot d'un courtier de commerce : « Qu'on a mal manœuvré hier ! trois courtiers comme moi, » et nous aurions fait hausser les sucres ! aussi il faut se concerter, » rien ne va si on ne s'entend pas ! »

C'est peu de provoquer les manœuvres auxquelles participe le négociant ; il ont encore un autre but, c'est de terrifier et d'asservir le négociant ; je donnerai un chapitre sur leurs menées en ce genre. On a vu des courtiers de Paris traduire aux tribunaux quatre-vingts négociants pour avoir osé faire un libre emploi de confiance. Il est étonnant que le gouvernement de Bonaparte qui, le premier, réprima les compagnons artisans et sentit le besoin de leur accorder une inspection sur les ateliers et des maîtres, ait accordé aux courtiers toute licence qu'il réprimait avec raison chez les compagnons du Devoir et du Gavot. C'est une preuve de son ignorance sur cette industrie qu'il crut régulariser et où il n'établit que la tyrannie du monopole, la conspiration légale contre le gouvernement, le renversement de la hiérarchie commerciale et autres monstruosités dont je traiterai au 2e titre.

Rebours politique : les marchands constitués en chefs de l'industrie. Les idéologues ont tant péroré sur les erreurs des mots qui entraînent les erreurs de choses ! que n'appliquent-ils cette maxime au commerce ? On a confondu sous ce nom les producteurs ou manufacturiers avec les commis ou négociants qui ne produisent rien et n'ont que la manutention ; gens qu'on peut remplacer d'un jour à l'autre, qui surabondent partout où il y a des cultures et des fabriques, tandis qu'on ne peut pas créer des fabriques partout où il y a des marchands.

En négligeant d'assigner un rang aux deux professions, de donner expressément la supériorité à l'une et l'infériorité à l'autre, il a dû arriver que la plus intrigante obtint ce qui est dû à la plus utile. Ainsi va la Civilisation. « Chevert mérite le bâton de maréchal, on le donne à Soubise. » Toute la faveur s'est donc portée sur le tripot d'agiotage, cet honnête métier où des chevaliers d'industrie gagent en 8 années 30 millions, en spéculant, disent-ils, pour le bien de leur patrie.

Le mal s'est étendu des individus aux nations : celles qui ont entrepris le monopole maritime, l'Angleterre, la Hollande ont envahi les bénéfices et l'influence, parce que les esprits frappés d'une stupide admiration pour le tripot mercantile, n'ont point songé à le combattre et à le subordonner aux convenances de l'agriculture et des fabriques, à le replacer au rang de commis des producteurs. Loin de provoquer aucun effort de génie sur le problème, les gouvernements et les savants ont rivalisé de bassesse devant le commerce et l'ont laissé sans résistance envahir le gouvernail politique.

Rebours scientifique : stupéfaction des savants qui ne s'occupent qu'à fournir des armes au monstre. Quand on s'est évidemment fourvoyé en théorie sociale, comme il appert par les dégénérations que j'ai souvent citées il n'y a qu'un parti à prendre, c'est de rétrograder. Ainsi, après avoir été leurré par le système commercial; la science doit recourir à la contre-marche ou au système anti-commercial, tenter quelques découvertes pour absorber l'influence du commerce; mais telle est la prévention, que les modernes se complaisent dans leur erreur évidente, et il suffit d'annoncer l'invention du remède pour être mal accueilli par les trois classes intéressées, et d'abord par les gouvernements dont il doit subitement doubler le revenu fiscal. Ils se laisseront aller aux soupçons de charlatanerie et ne voudront pas observer qu'il ne peut exister de voie de salut que dans une nouvelle théorie opposée à l'esprit mercantile et que la mienne serait indigne de confiance si elle était compatible avec les méthodes actuelles dont on n'a obtenu que la péjoration du mal.

J'éprouverai même défaveur auprès de la classe productive, cultivateurs et manufacturiers, qui est prévenue contre les nouveautés. Elle ne voudra pas considérer que ces plaies proviennent de l'absence de nouveautés, que les règlements récents n'étaient pas des innovations scientifiques mais des continuations et embranchements du système mercantile, et que l'industrie, troublée par des nouveautés prétendues, a besoin de nouveautés réelles et opposées aux systèmes nommés improprement économiques puisqu'ils n'ont abouti qu'à obérer et appauvrir par degrés les gouvernements et les classes productives et à tout sacrifier au triomphe de l'agiotage.

Enfin les savants, à l'annonce d'une nouvelle politique industrielle, trembleront pour leurs bibliothèques modernes et leurs théories qui ont conduit les corps savants à la pauvreté et à l'abjection, tandis qu'un courtier, un colporteur de mensonges nage dans l'opulence et cumule les revenus de quarante professeurs. Ces misérables voient sans indignation placer au frontispice des palais les beaux-arts en queue de commerce, par qui ils sont hautement conspués. Il était digne du XIXe siècle de réduire les beaux-arts en acolytes du mensonge ou trafic et de les placer ignominieusement à la suite. Les savants qui ont souffert ce scandaleux amalgame étaient-ils dignes du nom d'amis de la vérité? Etaient-ils capables d'inventer la théorie qui doit porter le coup mortel au mensonge et au commerce? Non, ce sont de beaux esprits sans doute mais dont le génie vicié comme le moral était fait pour orner le char de triomphe de l'agiotage et du monopole, qu'aucun d'eux n'a su combattre.

DES OPUSCULES QUI TRAITENT DE LA BOURSE.

Quelques écrits publiés sur cette pétaudière ont été un objet de spéculation où l'on s'est étudié à faire des critiques en style académique et non pas à exposer le véritable état des choses. J'ai vu (*Journal des Débats*) une courte analyse d'un ouvrage intitulé : *Panorama de la Bourse* ; l'auteur y faisait le portrait d'un homme à projets qui rêve des plans de restauration financière. Cet homme a perdu à la Bourse un de ces plans qu'il réclame avec force jérémiades, accusant le plagiaire qui le lui a volé pour s'en faire honneur. Voilà dans ledit portrait double invraisemblance ou plutôt double absurdité. La première est que les gens à projets de restauration ne vont pas à la Bourse; ils n'y trouveraient pas de matériaux pour leurs rêveries ils n'y verraient que des gens occupés *au solide*, ne communiquant leurs desseins qu'à des intéressés, et fuyant les faiseurs de projets de finance que le négociant et l'agioteur dédaignent, par cela seul qu'ils sont auteurs; et si un auteur de systèmes financiers ou autres, perdait un de ses manuscrits à la Bourse, chacun des assistants, bien loin de songer à le lui voler, le rendrait fort dédaigneusement, et l'on ne manqnerait pas de faire crier l'inutile papier par le concierge de la Bourse.

L'auteur de ce *Panorama* s'est donc étudié à faire des portraits plutôt qu'à déceler le manège du tripot. On s'en aperçoit lorsque le feuilleton dit que le livre pourrait faire des ennemis à l'auteur qui, par cette raison, hésite à le publier; ruse de vendeur, pour faire désirer son livre en promettant la caricature des hommes du jour. Les marchands ne veulent aucun mal à qui divulgue leurs intrigues en sens général, sans gêner telle affaire qui est sur le chantier; dès qu'elle est terminée et qu'ils en ont le bénéfice en caisse, vous pouvez décéler la friponnerie, ils vous en sauront gré : car, plus ils auront habilement friponné, mieux ils obtiendront les titres d'*habile garçon, bonne tête*. C'est donc ne pas les connaître que de croire qu'on va s'en faire des ennemis par des portraits trop fidèles ; ils sont au contraire ennemis des auteurs parce qu'ils prêtent au commerce un fatras de vertus dont la lecture fait bailler tout négociant, et lui inspire un profond mépris pour ces distributeurs d'encens dont on n'a que faire dans un métier où l'homme a pour devise : *nous ne travaillons pas pour la gloire*.

Pour donner des notions exactes de la Bourse, il ne suffit pas d'en répéter l'argot, les termes de l'art, *marché ferme, marché à prime, dont un*. C'est ne s'attacher qu'à la superficie; il faut connaître l'esprit de l'agioteur qu'on nous peint toujours comme un joueur ordinaire. Il faut ici établir la différence du simple au composé : le joueur de dés est en jeu simple qui n'opère que sur l'argent et non sur le mécanisme social ; le joueur de Bourse est en jeu composé, opérant sur l'argent et sur le système social, sur la politique et la morale qu'il pervertit.

Les littérateurs, quand ils veulent parler des intrigues de commerce, laissent percer, dès la première page, cette manie de bel esprit et de style fleuri qu'il faudrait exclure en pareil sujet. Quand on court après l'esprit on n'attrape guère la vérité ; aussi, nul d'entre eux n'a-t-il su peindre le caractère du négociant, la dépravation méthodique, les principes abjects qu'on prêche aux débutants dans cette carrière, et l'impossibilité de succès pour un homme sans fortune, vraiment honorable et loyal ; voilà des détails qui étaient dignes du *pinceau* d'un écrivain. Puis qu'on s'obstine à vouloir faire sur le commerce des amplifications de rhétorique, au moins devrait-on choisir les sujets qui en sont susceptibles.

Lorsque les badauds ont lu quelques uns de ces écrits de circonstances, comme le *Panorama de la Bourse*, ils croient la connaître et ne s'aperçoivent pas qu'on ne leur en a montré que l'écorce. Démontrons plus amplement par un extrait de l'analyse dont il s'agit.

Feuilleton des *Débats*. Mardi 10 juin 1819.

— « On a parlé d'un ouvrage FORT PIQUANT intitulé : *Panorama de la Bourse.* » Voilà, dès la première ligne, le secret de l'auteur : il cherche à être piquant et non pas à être vrai. C'est de quoi l'on se convaincra par les phrases que le feuilleton va nous donner plus loin, au 2e paragraphe. Continuons sur l'annonce. « L'auteur en a fait quelques lectures dans de petits cercles d'amis ; mais il éprouve une certaine répugnance à le faire imprimer. C'est un homme qui ne veut se brouiller avec personne, et son livre est plein de vérités !!! » Excellent début pour faire désirer le livre ! On voit que notre auteur a le feuilleton dans sa manche. En voici une meilleure preuve à la phrase suivante :

« Les portraits satiriques, les réflexions malignes, les anecdotes scandaleuses fourmillent dans l'ouvrage. C'est évidemment exciter la curiosité publique qu'en parler ainsi, et je ne doute pas que la seule annonce que j'en fais ne mette en campagne tous les libraires de la capitale. » — Style d'un rédacteur prônant son favori. On voit qu'il veut vendre cher le manuscrit et mettre les libraires en concurrence. Jusque-là il n'y a rien à redire, chacun, selon les lois du commerce simple, a le droit de porter aux nues sa marchandise ; mais c'est maladroitement laisser voir le but de l'auteur qui, je le répète, songe plutôt à vendre cher qu'à vous dire sur la Bourse des vérités neuves.

« Il envisage surtout la Bourse dans ses rapports avec la société. » — Je gagerais qu'il échouera sur ce sujet ; qu'il ne saura nous dire que ce qu'on a dit des loteries autorisées ; mais les loteries sont un jeu simple et la Bourse un jeu composé. A coup sûr l'auteur n'a point traité cette distinction fondamentale.

« Il vous donne le secret de certaines fortunes, la clé de certaines intrigues. » Voilà bien ce qu'il faut à Paris, des détails de circonstance, de personnalités, mais non pas de la science réelle.

« Il prouve que le siècle est celui des grands agioteurs politiques ; » — c'est prouver l'existence de la fièvre. On ne la connaît que trop, mais on demande aux auteurs le remède et non pas la preuve du mal dont personne ne doute.

« On m'a, dit le journal, communiqué le petit morceau suivant qui donnera une idée de *la manière de l'auteur.* » — Encore le bout de l'oreille ! c'est donc par la manière de l'auteur qu'il veut nous intéresser. Voilà bien le siècle ! On ne veut dans les ouvrages que du style et rien que du style : pour la vérité on n'en a que faire, et c'est bien le compte qu'a fait notre auteur qui dans le peu de lignes que ledit feuilleton nous en donne, paraît ne s'être appliqué qu'à faire des phrases, une galerie descriptive, sans s'inquiéter de la fidélité du tableau. On va voir qu'il n'y a pas un mot de vrai, du moins dans ce que transcrit le feuilleton. Voici le morceau de *manière:*

« Il est une heure ! Où va donc cette foule qui se presse dans ce passage étroit. Elle entre à la Bourse, nous la suivons et le flot nous porte jusque dans un vaste hangar où l'on s'étouffe comme jadis dans les parterres de nos théâtres, lorsqu'on y était debout. »

Que de faussetés dès le début ! Il est une heure !!! Qu'en coûtait-il de dire la vérité ? Dire il est deux heures, trois heures. Chacun sait qu'on ne va pas à la Bourse de Paris à 1 heure, mais à 2 ou à 3 1[2, et cette seule erreur prouve déjà que notre auteur ne connaît la Bourse que par ouï dire. « Où va donc cette foule qui se presse dans ce passage étroit ! » Fausseté ! on ne se presse point, on ne se heurte point pour entrer à la Bourse ; au contraire, beaucoup de gens vont furetant dans les alentours, dans les cafés ou lieux de sous-bourse. L'homme qui va frapper un grand coup a un air indécis ; il paraît hésiter à entrer n'ayant, dit-il, pas grand'chose à faire, et il est très-maladroit d'avoir un air affairé en allant à la Bourse. *Les margoulins* se donnent ce genre ; mais l'homme d'affaires s'en garde bien, et affecte l'insouciance. Quand vous voyez entrer un homme à l'air pressé, préoccupé, paraissant inquiet, dites hardiment : celui-là n'a rien à faire, il veut se donner des airs de papier-moustache, de matador, et ne sert qu'à embarrasser la Bourse. Le véritable agioteur, l'homme qui tient les dés à la Bourse, est ouvert et même enjoué ; maniant délicatement les affaires, comme un croupier de jeu manie les cartes et le râteau. Mais loin de se presser dans la foule, il entre bien posément et prenant bien son temps ; il n'a d'ailleurs pas la peine de laisser passer les flots parce qu'on n'entre pas à flots. L'air empressé décélerait une envie de manœuvres. Les courtiers sauraient en profiter pour juger l'intention du quidam, le manœuvrer et lui prendre, en termes de l'art, une puce sur le nez.

» Le flot nous porte jusque dans un vaste hangar où l'on s'étouffe. » Autre fausseté ! verbiage descriptif ! Il n'y a point de flot qui entraîne les curieux, les allants et venants. Il y a bien quelque foule autour du parquet des courtiers ; mais aucun flot n'y entraîne celui qui n'y a rien à faire, et qui ne va que pour voir la Bourse, où il n'y a que bien peu de chose à voir, quoi qu'en dise notre auteur.

» Eh ! quoi, m'écriai-je, à l'aspect de cette espèce de halle, c'est ici le temple de la Fortune ? Ce n'est, me répondit mon *cicerone*, que son temple provisoire. Jetez les yeux sur cette magnifique colonnade, c'est là que l'aveugle déesse doit rendre un jour ses oracles. »

Que de Phébus, et pas un mot de vraisemblable! Quelqu'un prend-il un *cicerone* pour se faire conduire à la Bourse, que le moindre enfant saurait lui indiquer, et lorsqu'on est dans cette pétaudière, où il n'est bruit que d'escomptes et titres, que de 1/4 et 1/2 %, va-t-on se récrier en jargon académique sur le temple de la fortune et les oracles de l'aveugle déesse?

Fait-on tant de belles phrases quand on est *entraîné par le flot*, *étouffé par la foule?* Mais sans doute notre beau parleur s'était retiré dans les coins paisibles où stationnent les comités d'inutiles qui se donnent l'air affairé. S'ils ont entendu ses périodes sur l'aveugle déesse, ils auront haussé les épaules en disant: « Un savant! Un savant! » nom qui est à la Bourse le synonyme de Vandale à l'académie, ou de Huguenot à l'église catholique.

Je saute plusieurs phrases descriptives, même celle de l'autel sur lequel se placent les prêtres du temple, vulgairement appelés agents de change, marchant sur du sable épars, « soit qu'on ait voulu figurer ainsi la mobilité de la fortune, soit qu'on ait eu l'intention de faire voir sur quels fondements fragiles elle élevait ses faveurs. » *Risum teneatis!* on n'a point pensé à toutes ces allusions poétiques: on a mis du sable par propreté. Si l'auteur avait voyagé en Allemagne, il aurait vu partout les escaliers et antichambres parsemés de sable, il ne s'étonnerait pas d'en voir dans un local de fatigue, assigné à des gens qui peuvent arriver crottés, malgré leurs voitures.

Ce beau parleur aurait mieux fait de nous dire quelque chose des agents de change, qui sont la cheville ouvrière du tripot, mais je gagerais qu'il n'en parle que pour leur donner des bouffées d'encens.

« Cependant la foule augmentait sans cesse: comment, dis-je à mon » guide, tous ces hommes sont des négociants? — » Non, mais tous » font ce qu'on appelle des affaires. »

Le *cicerone* est mal instruit; il devait distinguer ceux qui en font et ceux qui se donnent l'air d'en faire quand ils y touchent à peine. Du reste, comment notre auteur sera-il en état de décrire la Bourse s'il n'en sait que ce que lui en apprend un *cicerone* parlant en style de mélodrame?

Cependant l'auteur passe aux portraits. On juge bien qu'au lieu de nous peindre les champions de la Bourse, il va nous peindre quelques académiciens dépaysés, aussi fait-il apparaître un poète:

« Voyez-vous cet homme que tout le monde regarde et qui ne voit personne? C'est un de nos premiers poètes; il vient pour vendre des rentes et il fait des vers. On lui parle de la hausse et il rêve la description d'un combat. On dirait qu'il court après un marché et il court après une rime; plus distrait que le Ménalque de Labruyère, il achète quand il croit vendre, il vend quand il croit acheter, et dans ce siècle anti-littéraire il se fait à la Bourse un revenu qu'il ne se fait pas au Parnasse; il spécule sans y réfléchir et il grossit sa fortune. S'il pensait à ce qu'il fait, il y a long-temps qu'il serait ruiné. »

Si le style est fleuri, il faut avouer que le crayon est bien infidèle. Passons en revue les différents traits :

« Cet homme que tout le monde regarde et qui ne voit personne. » — Il n'y a rien de cela à la Bourse.

Aucun groupe ne s'y occupe à regarder un original; les uns font des affaires, les autres veulent paraître en faire. Ce n'est d'ailleurs pas à Paris qu'on s'étonne de voir des caricatures ambulantes. Personne n'y prend garde, ni à la Bourse, ni ailleurs, et ce n'est pas la Bourse de Paris, mais une tabagie de province que l'auteur nous dépeint.

« C'est un de nos premiers poètes. On lui parle de la hausse et il rêve la description d'un combat. On dirait qu'il court après un marché et il court après une rime. Il vient pour vendre des rentes et il fait des vers. » — Voilà au moins deux faussetés par chaque antithèse. Un poète à la Bourse est un homme plus inquiet que les négociants, et bien plus attentif, parce qu'il n'a pas cette habitude du terrain, cette légèreté à manier les affaires. Peu chargé d'argent, il tremble de perdre ce qu'il a hasardé; il oublie tout-à-fait la muse pour ne songer qu'à la négociation. Qu'on nous dise que dans un salon le poète oublie la conversation pour courir après une rime, je le crois; mais à la Bourse, où il va jouer son petit avoir, il est tout à sa besogne, il s'occupe de son courtier et non de Calliope, et, loin de courir après les rimes, il harcèlera, s'il peut, les gens d'affaires pour tirer de leurs opinions quelques augures. On le fuira au lieu de le remarquer et de s'occuper de lui. Les ridicules des poètes ne sont pas en faveur à la Bourse, et personne ne va là pour rire.

D'ailleurs, si l'on vient lui parler de la hausse, il fait donc de grandes affaires, car personne ne parle à un petit carotteur, et si notre poète négocie beaucoup, il y donne attention. Les gens de lettres sont bien originaux, *à l'argent près :* sur ce point ils sont comme les autres, et souvent plus cupides, plus tenaces que d'autres. Il n'est pas vrai qu'un poète à la Bourse vende quand il croit acheter; s'il était si maladroit il serait bientôt au bout de ses pièces, et ce n'est que dans les livres qu'on trouve de pareils niais, et c'est avec ce torrent de faux portraits qu'on prétend nous peindre la Bourse et ses intrigues, dont on ne voit pas un mot dans ces antithèses ridicules !

« Il spécule sans y réfléchir et il grossit sa fortune. S'il pensait à ce » qu'il fait, il y a long-temps qu'il serait ruiné. » — Voilà comme il faut écrire pour plaire aux Parisiens : autant d'absurdités que de lignes;

mais prenons au mot ce bel orateur. Supposons son tableau exact, l'art du négociant de la Bourse est donc réduit à zéro, si la fortune va à celui qui spécule sans réfléchir. Il n'en est rien. Pour gagner à la Bourse et gagner habituellement, il faut réfléchir et cabaler, se former de bonnes liaisons avec ceux qui sont dans le secret des cabales dirigeantes. Pourquoi tel prince très-connu a-t-il gagné, sous Bonaparte, dix-huit millions à ces jeux de hausse et de baisse ? Parce qu'il tenait le fil de l'intrigue ; ses fonctions lui donnaient les moyens de créer à volonté les terreurs d'où naît la baisse, les illusions d'où naît la hausse, quand la fausse nouvelle est appuyée des menées convenables. Voilà le véritable secret des gagnants en bénéfice continu. Il est donç faux qu'il suffise, pour gagner, de spéculer sans réfléchir ; cela pourrait, comme aux dés, réussir une ou deux fois, mais un tel spéculateur y serait pince en moins de six mois.

Suit un autre portrait où notre savant dépeint encore, non un pilier de Bourse, mais un écrivain comme lui. On dirait qu'il ne voit à la Bourse que les beaux esprits, et c'est ce qu'on n'y voit pas. Celui-ci est un homme à projets qui, depuis trente ans, fait tous les jours un nouveau plan de finance, — total : 11,000 plans. Il ne doit pas être bien alarmé d'en avoir égaré un ; cependant l'auteur nous le montre dans un chagrin mortel, dont le récit tient une page de feuilleton. Il pousse des cris perçants : « Je suis ruiné, assassiné ! » C'est, en d'autres termes, le monologue d'Harpagon sur la cassette volée. Il s'agit d'un plan dont le quidam devait faire hommage au nouveau ministre. Mais ne pourra-t-il pas lui donner celui du lendemain, puisqu'il en fait un tous les jours ? Le ministre n'est pas si pressé, et tout faiseur de plans le sait fort bien. Entretemps, notre homme accuse l'infâme plagiaire qui lui a pris le plan dans sa poche, etc. — Quel travestissement, quelle fausseté de tableaux ! Voit-on rien de tout cela à la Bourse ? Personne ne saurait ce que c'est que plagiaire et plagiat, et les gens de lettre, quand ils peignent la Bourse, devraient bien n'y pas transporter les querelles de leur métier, ne pas peindre l'Athénée au lieu de la Bourse : *suum cuique*. Montrez-nous vraiment des agioteurs ; informez-vous de leur ton, de leurs manières, qui n'est point la manière académique, et si vous nous peignez des parvenus de Bourse, montrez-nous le marchand de *cuirs* qui en a plein la bouche, et qui en a *t*'expédié *z*'une caisse à tel régiment. Voilà l'espèce de gens qui s'enrichissent dans le commerce et l'agiotage. Cobin, Courtaze, *prêtres du temple*, arrivés en sabots, ne connaissent pas *l'aveugle déesse*.

« Celui-ci, dit l'auteur, étudie des espèces de martingales financières ; il en compose *chaque soir* de nouveaux systèmes, et le lendemain il attend, à la pointe du jour, que les portes du ministère s'ouvrent pour remettre au suisse ses châteaux en Espagne. » — Chansons que tout cela ! Le suisse l'éconduirait vertement s'il revenait seulement quinze jours de suite apporter chaque matin *le placet* qu'il a fait la veille.

« Il n'a pas, depuis 30 ans, manqué une seule bourse ! » — Tout doux ! N'en a-t-il point manqué en 1794, au 9 thermidor? » Il s'y est ruiné jadis, mais il n'en sort plus. » — Que de phrases vides de sens ! Un habitué de Bourse, et un habitué de 30 ans, a-t-il quelque rapport avec ces personnages de comédie? Un vieux agioteur est un homme froid, et quand il est ruiné il ne va plus à la Bourse. Personne ne lui adresserait la parole, sinon pour le railler : car, en agiotage, on se moque de celui qui a fait *une lessive*. Il se tient à l'écart et ne va pas chercher les quolibets. Quelle exagération dans ces prétendus portraits qui ne peignent ni les hommes, ni les choses, et qui ne sont en substance que le portrait de l'auteur même, l'enseigne d'un enfileur de mots. Voilà ce que sont les orateurs qui écrivent sur le commerce ; quand l'on soumet leurs écrits à l'analyse, on y reconnaît une profonde ignorance du sujet traité, de la profession et des personnages. Elle est à tel point, que notre auteur finit par l'éloge de celui qu'il croit exposer à la risée. Il nous dit : « Celui-ci est un original dont il y a plus d'une copie, un agioteur qui s'imagine être un financier. » Mais puisqu'un financier aujourd'hui est obligé de connaître à fond la noble science de l'agiotage, pourquoi l'agioteur exercé ne se croirait-il pas et ne serait-il pas financier en quelque branche ? Les journaux, dans le temps, louèrent beaucoup le grand-duc de Bade sur ce qu'il avait choisi un banquier pour ministre des finances : or, quelle différence y a-t-il d'un banquier à un agioteur ? Aucune. L'état du banquier n'est qu'agiotage sur le change, les effets publics et les denrées, et la Banque proprement dite, ou avance d'argent à provision, serait un métier de dupe, en termes techniques, un chemin d'hôpital, si elle ne servait à couvrir la véritable fonction qui est l'agiotage. Or, un banquier étant un agioteur, un agioteur prôné comme financier par les journaux mêmes, *cur* notre vieux agioteur serait-il ridicule de se croire financier ?

L'article est terminé par cette phrase tout-à-fait naïve : « Je borne ici les portraits, parce que ceux que je viens de donner n'offrent pas de ressemblance fâcheuse. » Rien n'est plus vrai, ils sont portraits de fantaisie dont les habitués de Bourse n'offrent pas un seul trait, et l'erreur serait fort indifférente si elle ne prouvait un effet de dépravation littéraire qui est de mettre les mots à la place des choses, de n'écrire sur le commerce que pour faire des phrases et vendre des livres sans aborder aucune des questions importantes, comme le problème du commerce mensonger à transformer en véridique. On ne veut que l'agréable sans faire aucun cas de l'utile, et si vous prouvez qu'un livre vanté n'est qu'un tissu de phrases vides de sens, chacun répond : « Oui, mais c'est bien écrit, et les charmes du style... voyez-vous les charmes du style ! il n'y a que ça, les charmes du style ! » Et en effet, il n'y a que ça dans toute la science de politique mercantile, où l'on n'exige autre chose que la manière académique, sans astreindre les auteurs à aucune solution des grands problèmes, comme celui des relations véridiques et garanties. Quelles lumières peut-on attendre d'un siècle qui encourage ses écrivains à vivre de ces ignobles spéculations sur le goût du public pour les verbiages inutiles ?

Une remarque à faire sur ces opuscules ou traités qui hasardent une légère critique de la Bourse et de l'agiotage, c'est qu'ils dénotent une lenteur extrême dans les développements de la raison qui nous vante si fort ses progrès. Ici elle n'avance évidemment qu'à pas de tortue ; il lui faut un demi-siècle pour commencer à s'apercevoir que la horde mercantile n'est pas si respectable qu'on l'avait dépeinte. Puis dans une génération, on en viendrait à reconnaître ce que les anciens savaient déjà, c'est que le commerce est un mécanisme des friponneries les plus méprisables, des astuces les plus funestes à la société. Enfin, à la seconde génération on en viendrait sans doute à proposer la réforme commerciale en établissant des garanties contre le mensonge en transactions industrielles. On perdrait encore un demi-siècle à tâtonner et manquer l'opération qui ne peut pas être faite à demi, et les siècles se consumeraient à un progrès qui pouvait être l'ouvrage d'un an. Quelle perspicacité dans ce génie civilisé ! quel vol rapide vers les perfectibilités de la perfectibilisation ! Faut-il s'étonner de ces lenteurs du siècle tant qu'il commet la faute de vouloir en toute science les mots et non les choses, le bel-esprit au lieu du bon esprit, qui nous aurait depuis long-temps ramenés au point où étaient déjà parvenus les anciens, au mépris du commerce simple ou transaction sans garantie de vérité, méthode qui excita à bon droit le mépris des premiers âges. Lorsque ce mépris était dominant, et il l'était encore il y a deux cents ans, qu'il eût été facile de réunir d'emblée tous les suffrages pour le commerce composé et véridique ! Notre XIXe siècle, en se passionnant pour le régime simple et mensonger, donne la mesure de sa dépravation et de la charlatannerie de ses écrivains tout occupés à encenser le mensonge mercantile, lors même qu'ils hasardent contre lui quelques tremblantes critiques du genre de celle que je viens de citer.

Le rédacteur du feuilleton réduit ainsi l'analyse de l'ouvrage à quelques portraits qui ne touchent pas au fond du sujet. Quant à l'objet essentiel, il se borne à l'indiquer en disant que *peut-être* il donnera un autre article sur le parallèle assez piquant que l'auteur établit « entre le pharaon politique nommé la Bourse et les maisons de jeu, qui sont ouvertes pour le plus grand bien des familles et de la morale publique. »

Ce peu de lignes suffit à caractériser l'esprit du siècle en affaires de commerce, dont on n'examine que l'écorce. Voilà un critique ou apologiste qui ne relève d'un ouvrage que le superflu, que les portraits (faux comme je l'ai prouvé), puis il glisse en quatre lignes sur une question de haute importance et que l'auteur a faussement jugée, comme il appert par ce parallèle dont je vais démontrer l'inexactitude.

Les maisons de jeu affermées par le gouvernement sont un vice négatif et simple, tandis que l'arène d'agiotage légal qu'on appelle Bourse est un vice positif et composé.

La ferme des jeux est une industrie simple et purement civile, en ce qu'elle ne s'entremet pas dans le gouvernement et n'est pas une puissance co-partageante de l'autorité. Elle n'est qu'une branche d'industrie pernicieuse et mise en monopole pour éviter les dangers de l'exercice libre en affaires immorales. D'autre part, le Commerce est une industrie civile et administrative, une puissance devenue rivale du gouvernement et usurpant réellement moitié de l'influence politique. On déclare des guerres pour le trafic, on n'en déclare pas pour le jeu. On peut comparer le commerce à une favorite comme madame de Pompadour, ou aux affranchis de Claude, gens aussi puissants et quelquefois plus que les maîtres. Il y a donc deux vices bien distincts dans l'agiotage, savoir : l'usurpation de fait en système administratif, où le commerce doit être subordonné, et l'intervention légale pour étendre la dépravation, qui n'est en affaire de jeu qu'affaire de police et non de législation.

Ces deux propriétés constituent le vice composé dans le mécanisme commercial : il n'y a que vice simple dans la ferme des jeux, que vice de dépravation.

Autre erreur, la différence du positif au négatif. Le gouvernement français a toujours envisagé la ferme des jeux en sens régulier, comme spéculation sur le moindre mal possible, comme antidote au plus grand mal et non pas comme bien positif. Cela est si vrai que Bonaparte, quoique bien despote, céda à la résistance du maire de Lyon, M. de Sathonay, qui expulsa de vive force la ferme des jeux au moment où elle s'établit à Lyon. Le gouvernement maintient cette ferme dans des pays de joueurs effrénés, dans Paris et Marseille, mais il ne la dépeint pas comme établissement d'industrie positive, honneur accordé à la Bourse qui, pour quelques négociations d'industrie positive, en présente une masse décuple en négatif et agiotage.

Pourquoi les auteurs, si bien d'accord à voir dans la ferme des jeux le fléau des familles et de la morale publique, ne veulent-ils pas voir le même fléau dans toute industrie négative, comme celle de la Bourse, et pourquoi a-t-on tardé jusqu'à présent à apprécier la Bourse ce qu'elle est, une arène de ravage industriel qui exerce en grand l'influence immorale que la ferme des jeux n'exerce qu'en petit et qu'elle modère peut-être (car c'est une question indécise, il est encore douteux si la ferme ne fait pas plus de bien que de mal) ?

Voici enfin un écrivain qui se décide à envisager la Bourse d'agiotage dans le vrai sens, et qui assimile à bon droit la Bourse à une arène de jeu autorisée. Malheureusement cet auteur, d'après ses portraits, paraît courir après le bel esprit, et l'on ne peut se promettre aucun effet de son livre. Il faudrait de la gravité dans une discussion qui est l'acte d'accusation des Économistes. Quelques bons esprits avaient préludé contre la Bourse, entre autres le comte de Wallis à Vienne ; aucun publiciste ne vint à son secours. Voici enfin un auteur qui entre en lice, mais s'il ne vise qu'au piquant des parallèles, qu'aux colifichets du genre descriptif, ce n'est pas un champion pour l'attaque des Économistes. D'ailleurs, dans une question aussi importante il ne faut pas des opuscules, mais un ample traité, dont je me borne à donner ici le canevas dans la touche des *Crimes du commerce.*

Quel serait l'effet d'un tel ouvrage, quelle confusion pour la science moderne le jour où on lui prouverait en grand détail que son prétendu perfectionnement ne la conduit qu'à étouffer un bon principe dont l'école antique avait donné l'impulsion en affichant le mépris du mensonge et du trafic, que ce tripot mercantile, ces arènes de Bourse mises en vogue par la secte économiste ne sont que des foyers de ravage industriel et de dépravation morale, tort qui, par conséquent, s'étend à la science entière qui a prôné ces vices et en a fait la base du système social. Voilà l'accusation qu'il faut porter contre l'Économisme, voilà le grand coup qu'il eût fallu depuis long-temps frapper sur la philosophie moderne. C'était au corps sacerdotal à en concevoir l'idée ; il devait attaquer son ennemi sur le côté faible au lieu de tenir la défensive dans un mauvais poste comme celui de dogmes mystiques tout-à-fait usés.

En prouvant à l'Économisme que ses Bourses du commerce et ateliers de fourberie commerciale ne sont que des maladies sociales, et qu'il faut aviser à l'invention d'un système garant de la vérité, et à l'industrie productive directe, on aurait disposé les esprits ; l'opinion serait en suspens, et la science déjà flétrie par ce seul doute tomberait à plat aujourd'hui par la publication du mode de commerce composé et véridique. Voilà, sur cette question comme sur cent autres, comment la philosophie, malgré son défaut de ne savoir rien inventer, aurait beaucoup fait si elle eût osé s'armer pour la *vérité négative,* ou analyse franche du mal. Elle aurait acheminé au bien par double voie : 1° en signalant le mal et ses fauteurs décorés du titre de bienfaiteurs sociaux ; 2° en provoquant le génie à la recherche du remède en lui montrant dans la science de traitement négatif un protecteur tout prêt à soutenir celui qui découvrirait les voies de traitement positif.

IIe SECTION. — **Les Courtiers.**

CHAPITRE Ier.

DU MONOPOLE DE COURTAGE.

Et garde-toi de rire en ce grave sujet.

Je vais chanter les héros qui ont le mérite le plus éminent au dix-neuvième siècle, celui d'être cousus d'or. Venez, Muses de Gascogne et de Basse-Normandie, ce sont vos favoris que je célèbre. Nul n'est bon courtier s'il ne sait unir la véracité du Gascon à la droiture du Bas-Normand ; et toi aussi, Dieu Janus, patron des hommes à double face, les âmes des courtiers sont formées à ton image ; et toi, honnête Dieu Mercure, protecteur des tours de gibecière ; vous, nymphes du Jourdain et d'Asphaltide, qui protégez la race Israélite, fameuse dans le courtage, Divinités mensongères, daignerez-vous sourire à mes vœux ? Non. Je vois votre auguste synagogue froncer le sourcil : vous redoutez quelque attentat contre l'arche sainte du courtage ! En effet, je vais dévoiler bien des turpitudes.

Gagner cent mille francs de rente en débitant chaque matin quelques centaines de mensonges, telle est la louable industrie des courtiers. Elle est faite pour exciter la jalousie de tous les beaux esprits, qui n'atteindraient pas au quart de ce revenu en débitant des vérités. Ne blâmons pas les courtiers de s'enrichir par le mensonge. Tout n'est que fausseté en Civilisation, et chacun à leur place imiterait leurs astuces. Mais puisque la restauration financière de tous les empires policés tient à la suppression des fourberies commerciales, il importe d'en bien définir les intrigues et les acteurs, les tripots de Bourse et de courtage, et de dissiper les préventions favorables dont ces rusés personnages ont eu l'art de s'étayer.

Un courtier, en définition familière, est un saute-ruisseau qui colporte les mensonges d'autrui, auxquels il ajoute les siens. Plus régulièrement, c'est un entremetteur insidieux, équivoque et *désavouable*, qui met aux prises deux traitants disposés respectivement à se tromper. L'entremise du courtier leur laissera à chacun l'avantage de désavouer les offres hasardées, les détails dévoilés, de rejeter toute proposition sur l'avidité, ou l'indiscrétion, ou la précipitation du courtier entremetteur. Son ministère est une mine de subtilités et de faux-fuyants pour les parties. La fonction primordiale du courtier est d'amener l'escarmouche et l'engagement sérieux entre des masques politiques dont la communication directe serait, à force de défiance, un sujet de dispute et de rupture prématurée.

Qu'on ajoute ensuite que les courtiers ont l'emploi de recueillir les renseignements épars et de les transmettre au négociant trop affairé pour vaquer aux informations et négociations, etc., c'est énoncer la branche de service utile, qui ne forme pas un quart des fonctions; c'est prendre le masque du métier pour le métier même.

En allant de la partie au tout, nous verrons pareille erreur au sujet des commerçants en général. Si l'on retranchait de leur grimoire tout service étranger au service de consommation directe, toute intrigue et entrave d'agiotage, le mécanisme serait si actif, si simplifié, qu'il n'emploierait que 1/10 des agents actuels, comme il arrivera en régime d'Entrepôts concurrents.

L'on pourra aussi découvrir dans l'office de procureur des fonctions louables. Si l'on en distrayait les moyens d'embrouiller et de prolonger une affaire, on enlèverait aux procureurs les 9/10 de leurs occupations, et de même aux courtiers si l'on les dépouillait de l'entremise insidieuse que j'ai désignée comme pivot de leur industrie, et sur laquelle reposent les manœuvres d'agiotage desquelles ils recueillent la majorité de leurs bénéfices.

N'entend-on pas chaque jour dire à un négociant: « Je n'avais besoin » de rien: le courtier est entré, qui m'a fait prendre là 30,000 fr. de » papier. Je ne sais comment il m'a raisonné cette opération de Bourse, » il m'a forcé la main. Habile garçon! bonne tête! » Voilà le talent du courtier: chercher des affaires et stimuler à l'agiotage; faire sonner bien haut les profits de tel accaparement pour allécher une foule de champions qui, une fois dans l'arène, causent des fluctuations de prix journalières par leurs conflits spéculatifs, et enrichissent les courtiers aux dépens de l'agriculteur, du fabricant et du consommateur.

Toute industrie qui produit cent mille francs de rente à celui qui l'exerce mérite de fixer l'attention du gouvernement, et surtout des particuliers. On les voit se trémousser pour atteindre à des emplois infiniment moindres en valeur. Un juge en cour d'appel, un ingénieur, un sous-préfet et tant d'autres fonctionnaires ne gagnent pas le 20e de 100,000 fr., et pourtant ils sont astreints à de pénibles études, bien moins heureux en cela que le courtier, dont le métier n'exige aucune connaissance, puisque la loi exclut ceux qui ont essayé l'exercice pratique, et n'admet que ceux qui ne s'en sont jamais occupés. Singulière propriété du courtage! pour être jugé digne de l'exercer il faut prouver qu'on n'en a aucune connaissance ! Quant aux lumières à acquérir pour y exceller, elles sont exprimées dans les quatre mots suivants : *bon pied, bon œil, bonne langue et bonne craque*. Ce n'est pas trop exiger pour cent mille francs de rente.

On va croire que j'exagère sur cet énorme bénéfice que les courtiers se gardent bien d'avouer ; fidèles à la tactique du commerce, ils vous prouveront qu'ils y mettent du leur, qu'ils y perdent gros. La vérité est qu'ils en gagnent parfois bien davantage. On a vu des courtiers à Cadix gagner en un an 500,000 fr. au brocantage des denrées. Plusieurs Hambourgeois m'ont assuré que leurs courtiers gagnaient facilement 100,000 marcs, près de 200,000 fr. Qu'est-ce de ceux de Londres et d'Amsterdam ? Si nous passons à la France, je pourrais citer tel courtier de Paris qui, dans une année de *bon temps* (1808), gagna 300,000 fr. au tripotage des cotons ; tel autre de Marseille, qui, il y a peu d'années, gagna deux millions en moins de 6 ans ; et dans les temps ordinaires ce bénéfice annuel de 100,000 fr. est très-commun parmi les courtiers des ports. J'ai entendu citer à Marseille, en 1792, les défunts Magon, Escalon et autres, qui gagnaient, année commune, cent mille francs sur le brocantage du blé et du savon.

Ce lucre énorme et, j'ose le dire, scandaleux, s'obtient-il par des voies conformes au bien public et à la probité ? tel sera l'objet de nos discussions. Pour préluder par des indices, remarquons d'abord l'affluence et l'excellence des Israélites dans ce plantureux métier. Ce sont eux qui envahissent le courtage dans tout le Levant, l'Afrique et l'Orient, comme dans tous les lieux où on ne les écarte pas par le cautionnement et autres mesures. A Bruxelles on avait négligé d'organiser cette industrie (car Bruxelles n'est pas une ville aussi digne d'attention que Rhodez !), les juifs s'emparaient du courtage. On me montra sur la place une nuée de courtiers juifs dont on vantait l'habileté. Or, quel augure tirer en faveur du courtage de cette supériorité qu'y déploient les israélites, gens qui, en dépit des apologies philosophiques, ne sont rien moins que les apôtres de la vérité ?

En certaine ville, dont par discrétion je tairai le nom, un négociant me disait d'un courtier : « Voyez l'effronterie de ce banqueroutier ! Nous » sommes sept négociants qui avons obtenu sentence contre lui pour » vols de numéraire et de marchandises qu'il nous a faits depuis » qu'il fait le courtage. » Je répondis : « Pourquoi aucun de vous sept » ne le fait-il arrêter? — « Ah ! monsieur, c'est qu'il est si habile » courtier ! Il n'a pas son pareil au monde pour l'art de la vente, pour » raisonner la pratique. Si l'on a une mauvaise balle, il sait *enrosser*

» quelque oison de ce rebut. » Paroles qui donnent la mesure des talents et surtout de la bonne foi qu'exige le courtage. Sans doute on peut être honnête homme dans cet état comme dans celui de procureur, mais il est certain qu'aucune industrie n'est plus favorable à l'astuce et à l'intrigue.

Il n'est pas rigoureusement nécessaire de savoir écrire pour être courtier. J'en pourrais citer qui peuvent griffonner une ombre de signature : ils n'en font pas moins des fortunes colossales, pourvu qu'ils aient le talent de l'intrigue.

Qu'un négociant gagne subitement des millions, cela n'est pas surprenant : il met au jeu des valeurs, il peut les tripler, décupler par une série de chances heureuses ; il n'y a de blâmable dans les fortunes scandaleuses que la loi qui permet ce jeu, et qui autorise le négociant, en cas de perte, à s'indemniser sur le public par une banqueroute. Mais qu'un courtier qui n'a mis au jeu que des verbiages, que des mensonges, atteigne au revenu de cent mille francs, et qu'il soit, pour prix de cet ignoble travail, dispensé *indirectement* de tout impôt (on en verra la preuve); c'est un résultat fait pour stupéfier, et d'où l'on peut conclure que le gouvernement n'a nulle connaissace des produits cachés de cette branche d'industrie. Loin de là, ils ont su persuader que leur bénéfice est des plus médiocres. Bonaparte, qui cherchait assez à atteindre les gens à portefeuille et à faire peser l'impôt sur les classes fortunées du commerce, rendait sans cesse des décrets en faveur des courtiers. Il semblait craindre que ces parasites ne pussent pas vivre avec 100,000 francs de rente. Or, s'il avait connu leurs bénéfices et leurs astuces, que je vais dévoiler, il est très probable que, honteux d'avoir été leur dupe, il aurait révoqué la concession du monopole pour lésion d'outre-moitié, cassé les compagnies, et donné leurs places à des militaires blessés pour lesquels il cherchait des emplois dans le civil.

Les fonctionnaires publics, si faiblement rétribués et pourtant soumis à l'impôt, ignorent de même les avantages immenses dont jouit cette compagnie pour prix des ravages industriels qu'elle organise périodiquement. Le secret des courtiers ne pouvait être trahi que par des négociants, les chambres de commerce ; mais ces deux classes ont intérêt à se faire et à empêcher que le gouvernement ne pénètre par quelques points dans le dédale des tricheries mercantiles : car s'il venait à atteindre les courtiers, il atteindrait par suite les négociants. De là vient que les uns et les autres se soutiennent pour duper les financiers et échapper à l'impôt.

Cependant les négociants, dont quelques-uns font un commerce ingrat et hasardeux, s'indignent en secret de la fortune colossale et facile où parviennent leurs courtiers sans aucun risque. « Nos courtiers, » me disaient deux négociants de Paris, « sont bien mieux partagés que » nous. Ils ne mettent rien au jeu et gagnent partout. Ce sont les hom- » mes les plus heureux de la capitale, ils ne voudraient pas épouser » des filles de sénateurs. — Cela se conçoit, répondis-je, un sénateur » renté à 50 mille francs et père de plusieurs enfants peut à peine as- » surer à sa fille une pension de 10,000 francs pour dot. Or, qu'est-ce » que 10,000 francs de rente sans capital pour tenter un courtaud qui » gagne annuellement 100,000 francs dans ses malfaisantes intrigues » sur les effets publics et sur l'agiotage des denrées? » Faut-il s'étonner, d'après de tels bénéfices, que les courtiers dédaignent les filles de sénateurs et que les journaux indiquent pour le moment de la brillante promenade à Bagatelle l'heure où l'on y voit arriver les femmes ou maîtresses d'agens de change? Eh ! comment ces courtières ne rivaliseraient-elles pas avec les duchesses, puisque leurs amants ou maris ont l'art de faire excuser comme peccadille l'enlèvement d'un million qu'ils volent fréquemment dans des banqueroutes commerciales, quoique l'exercice du commerce leur soit défendu par leurs statuts? Mais les lois sont, dit-on, la toile d'araignée qui n'arrête que les moucherons et dont se rient les hauts et puissants seigneurs à 100,000 francs de rente comme les courtiers.

Passons au détail de leurs prouesses. Il faudra les faire précéder d'un tableau de leurs bénéfices pour estimer comparativement la lésion de 120 millions faite à la Caisse d'amortissement, sur le prix dérisoire auquel fut concédé leur monopole.

On déclame contre le monopole; on disserte à perte de vue sur le bien du commerce. Quel est le secret de toute cette faconde? Les politiques ont-ils vraiment l'intention d'attaquer le mal? Je vais sonder leur sincérité sur l'attaque des maux extérieurs et intérieurs.

J'admets qu'ils aient pu désespérer de la science dans la lutte contre le monopole maritime. J'ai démontré pourtant que la science avait bien des moyens de résistance, entre autres celui du monopole composé; mais l'esprit humain n'est pas infaillible; il faut excuser quelques négligences pour avoir le droit d'en critiquer de plus graves, comme l'insouciance au sujet des monopoles intérieurs ou composés dont j'ai parlé, entre autres celui du courtage.

Pourquoi les savants veulent-ils que l'on confie la surveillance de l'industrie à des corps intéressés à l'opprimer, comme les chambres de commerce. Un de nos Économistes français contemporains (Say, *Econ. polit.*, t. 1er, p. 313), dit que « les compagnies de courtiers et autres qui ont des syndics, des assemblées légales, savent présenter comme avantage de l'état et prospérité du commerce ce qui n'est qu'avantage et prospérité de leur compagnie. » Peut-il ignorer que cette cécité s'applique à chaque négociant en particulier, que chacun d'eux voit le bien du commerce dans le bien de sa propre maison. J'ai peint ce ridicule dans l'entretien où *Lagobe* dit aux courtiers : « Tâchez donc de faire monter le pain à 20 sous, ça serait bien utile au commerce : nous gagnerions quelque chose sur nos farines. » Ainsi, dans l'état mercantile, chacun croit avoir fait le bien du commerce quand il a fait le sien propre.

Comme les économistes ont habitué l'opinion à confondre le commerce avec les fabriques, on voit sans étonnement qu'une politique du ministère de Bonaparte ait créé partout des chambres de commerce là où il ne fallait que des chambres de fabrique, exclusivement composées de fabricants. Si l'on admet à ces chambres le négociant, il arrive partout qu'elles sont composées en grande partie et influencées par les marchands de matières, intéressés à pressurer les fabriques. J'ai entendu à certaine époque dire dans Lyon : « Si la chambre du commerce a demandé au gouvernement telle mesure qui ferait augmenter les soies d'Italie, c'est parce que tels et tels de ses membres sont gorgés de soie de Piémont, et veulent en soutenir le prix aux dépens de la fabrique. » C'est ce qui doit arriver dans toute ville de fabrique, où l'on consulte les commerçants. Une chambre de commerce est un fléau dans Lyon, ville toute manufacturière ; elle serait à peine admissible dans Rouen, qui cumule deux genres d'industrie, manufacture et commerce maritime. Encore faudrait-il que cette chambre fût exclue de délibérer sur ce qui toucherait aux matières premières, laines, cotons, etc., qu'emploient les fabriques du pays.

En appliquant ce principe à ce qui concerne le courtage, il est évident qu'une chambre de commerce, influencée par les marchands de matière, favorisera les limiers d'agiotage qui s'entremettent dans l'accaparement des matières et dans les menées qui tendent à rançonner le fabricant. Aussi la chambre de Lyon a-t-elle été toujours très-favorable au monopole du commerce. Les savants devraient apercevoir ce *bout d'oreille*, ce côté honteux des chambres de commerce, et signaler l'abus de cette concession du ministère de Bonaparte; mais la science ne s'occupe qu'à prôner le mal existant, sous quelque forme qu'il se présente. Les auteurs abondent en excellents principes, en observations judicieuses, comme celle de M. Say, citée plus haut, et personne n'en fait l'application. Ce n'est pas d'aujourd'hui que les idées justes sont réduites, en politique et en morale, à tapisser les bibliothèques sans jamais être admises dans la pratique sociale.

Pourquoi les économistes n'ont-ils dit mot sur les déportements des compagnies de commerce dont ils connaissent et signalent fort bien les méfaits ? Ont-ils pensé que c'étaient des agents de peu d'importance ?

Une fonction qui produit à un individu cent mille francs de rente n'est pas de peu d'importance. De sa réforme dépend celle de tout le système industriel; il sera purgé de tous ses vices le jour où le gouvernement aura mis le courtage en régie concurrente; et les économistes, qui n'ont pas entrevu cette opération, ont bien vérifié l'assertion de l'homme trop fameux qui disait: *On ne connaît rien au commerce.*

CHAPITRE II.

TABLEAU DES PRODUITS ANNUELS DU COURTAGE EN FRANCE.

On a souvent remarqué qu'il n'y a pas de petite économie dans un grand empire. Sans doute c'est peu de chose pour le gouvernement de France qu'une perte de 120 millions en cautionnements, mais les petites duperies mènent aux grandes. Si l'État se laisse duper de 120 millions sur une ferme subalterne comme celle du courtage, combien de duperies plus onéreuses éprouve-t-il sur l'ensemble du mécanisme commercial qu'il livre à l'anarchie concurrente, et dont il devrait tirer un revenu de 400 millions d'effectif et 200 millions d'économies en ferme commerciale? Le courtage est le dernier chaînon du commerce. La lésion que je vais signaler dans ce genre d'industrie sera un acheminement pour en découvrir dans le commerce d'autres bien autrement importantes.

Paris seul	7,000,000
Rouen, le Havre, Dunkerque et tous les ports de France depuis Calais jusqu'à Morlaix	2,500,000
Bordeaux seul	3,000,000
Nantes, Lorient, Brest, La Rochelle, Libourne, Bayonne et tous les ports de l'Océan, depuis Landerneau jusqu'à St-Jean-de-Luz	2,500,000
Marseille, Montpellier et Cette, Toulon, les ports de la Méditerranée, le Midi, Toulouse et Montauban, Nîmes et Avignon, le Comtat et marchés du Languedoc	3,000,000
Lyon et Amiens, l'intérieur, Lille, Flandre et Strasbourg, Orléans, Troyes, Reims, Nancy, Metz, Tours, Angers, Clermont, Limoges, Saint-Etienne et quelques ports intérieurs, comme Châlons et Gray, où l'on agiote sur les denrées	20,000,600
Total	26.000,000

Paris est porté dans ce tableau pour 7,000,000. Les courtiers, entre autres ceux des effets publics, gagnent de 50 à 100 mille francs dans les années où cet agiotage est très-actif. Aussi négligent-ils le négoce des lettres de change, qui ne leur rapporterait que 30 à 40 mille francs de rente, et pour lequel le commerce est obligé d'employer des courtiers clandestins non titrés. Cette négligence, vrai refus de service, est dénoncée dans les doléances de la Chambre de commerce de Paris, lettre au ministre de l'intérieur en date du 9 août 1809.

Les courtiers de denrées font un bénéfice également colossal depuis que Paris est devenu indirectement port de mer, par l'usage de vendre les cargaisons sur échantillons. Ils ont de plus les hautes loteries d'agiotage, les marchés à livrer, où l'on traite pour mille pièces d'eaux-de-vie, mille balles de coton qui n'existent pas, et aussi des effets publics vendus à livrer. On reçoit, on paie la différence de valeur au jour fixé pour la livraison. Ces mouvements imaginaires produisent aux courtiers des sommes énormes, et c'est une branche de jeux de hasard qu'on eût été fondé à mettre en ferme comme celle des autres jeux, bien moins dangereuse, puisque le perdant à rouge et noire supporte lui-même sa perte et ne peut pas s'indemniser sur le public par une banqueroute.

Toutes chances balancées, ce n'est pas trop d'estimer le revenu des courtiers de Paris à 40,000 francs en terme moyen. Or il existait, en 1808, 150 courtiers de commerce ou de banque, ce qui donnerait, à 40,000 fr. par tête, un revenu total de 6,000,000. 6,000,000 }
Marronnage ou courtage clandestin, très- } 8,000,000
étendu à Paris, 1/3 en sus................... 2,000,000 }

Je n'ai porté Paris dans le tableau qu'à 7,000,000, pour estimer tout au minimum. Il en est de même de toutes mes évaluations sur les autres villes.

On a réduit depuis peu d'années le nombre des courtiers de Paris ; mais la portion de chacun est augmentée d'autant, ce qui ne change rien au résultat.

Lyon et l'intérieur ne sont évalués qu'à 2,000,000, parce qu'on n'y fait pas d'agiotage des grandes denrées aussi activement que dans les ports où souvent la vente d'une cargaison rend dans une matinée 3,000 fr. à un courtier, bénéfice qu'on appelle un déjeuner de courtier, qui serait la subsistance annuelle d'une honnête famille, et qu'un courtier du port gagne en quelques pirouettes.

Ceux de Lyon et de l'intérieur font des bénéfices plus modérés. Cependant, on a vu plus d'une fois un courtier de Lyon gagner 6 et 7,000 fr. dans une journée aux époques d'accaparement de soie ou autres matières. On peut donc compter les soixante courtiers de Lyon et environ soixante clandestins pour un million et ajouter un million pour l'ensemble des villes intérieures des trois classes : — celles qui ont un grand commerce et de riches courtiers comme Lille, Amiens, Strasbourg, Orléans ; — celles qui ont un commerce de consommation comme Nancy, Châlons-sur-Saône, ou de grandes fabriques telles que Saint-Étienne, Troyes ; — celles qui ont des marchés ou une Boursiquette imaginaire, comme Rhodez, Voiron et autres bourgades qui ont voulu des courtiers.

Ces trois classes de villes intérieures produisent peu en courtage, mais celles des bords de la mer, de l'embouchure de la Garonne, depuis Bordeaux et Libourne jusqu'à la mer ; six petits ports comme Blaye qui ont des courtiers faisant de gros bénéfices, Landernau, Quimper-Corentin et toutes les bourgades maritimes qu'on badine sur les théâtres, procurent à cette industrie de très-belles proies par l'abord des vaisseaux.

Passons à l'examen des droits que le fisc pouvait équitablement percevoir sur cette industrie qui, étant la plus facile de toutes, puisqu'elle ne coûte que des paroles, devait être, moins que toute autre, exempte d'impôts.

CHAPITRE III.

LÉSION AU DÉTRIMENT DU FISC SUR LE COURTAGE PATENT ET LE COURTAGE CLANDESTIN.

Courtage patent, lésion estimée 100 *millions.*

Commençons par constater la tricherie. Nous examinerons ensuite l'immoralité de ceux qui l'ont commise et la duperie du gouvernement consulaire qui leur accorda une aveugle confiance et concéda le monopole au prix qu'eux-mêmes avaient fixé, et sans procéder à aucune épreuve consultative sur la valeur de cette ferme qu'il leur livrait.

C'eût été une extrême générosité que de fixer le cautionnement à trois années du revenu. Dans ce cas, les courtiers titulaires devaient à la caisse d'amortissement 60 millions. J'ignore quelle somme elle a reçue d'eux, mais, en aperçu, je ne crois pas que les versements de cette compagnie excèdent 20 millions. L'État est donc frustré de 40 millions sur la concession dudit monopole, en l'évaluant au revenu indiqué au tableau, mais cette évaluation est fort au-dessous de la réalité, et l'on va se convaincre par des faits que la caisse d'amortissement peut tirer de la ferme de courtage plutôt 100 millions que 50.

Pour juger à quel taux on doit fixer le cautionnement, il n'est pas de base plus sûre que l'enchère et l'acceptation unanime des prétendants. Pourquoi dans cette concession s'écarter de la coutume générale ou enchère, et ne suffit-il pas de ce traité furtif pour déceler une surprise et une lésion ?

Pour constater cette lésion par des preuves de fait, comparons le bas prix auquel le gouvernement concéda les offices avec le haut prix qu'en retirent les privilégiés dans les transferts qu'ils font très-publiquement en dépit de la loi qui le leur défend et dont ils se rient en cette occasion comme en toute autre. Je choisis la ville de Lyon pour point de comparaison.

Les offices de courtiers de banque et de soie concédés pour un cautionnement de 12,000 fr. portant intérêt, y sont sous-traités et transférés communément pour un pot de vin de 30,000 fr. comptant, indédépendamment des 12,000 fr. fournis à l'État, qu'il est juste de rembourser en sous-traitant. Il faut y ajouter des menus frais de voyage à Paris, baise-mains et *courtage de transfert* (car il y a des courtiers pour la revente des offices, tant elle est publique malgré la défense de la loi). Ces mêmes frais sont encore considérables et pouvaient s'élever à 3,000 fr. avant qu'on n'eût concédé l'hérédité et propriété absolue. C'était donc une somme de 33,000 fr., soit 30,000 fr. donnée en pure perte et en sus des 12,000 fr. de cautionnement.

Raisonnons sur ce surhaussement de 30,000 fr., prix commun du transfert de l'année 1812 qu'on disait fort ingrate. Une somme de 30,000 fr. sacrifiée en surenchère et perdue sans retour n'équivaut-elle pas à une somme double, 60,000 fr. garantis reversibles à l'héritier, et portant encore intérêt à la caisse d'amortissement? L'office est donc sous-traité et payé à raison de 72,000 fr. qui sont consignés à intérêt et reversibles à la famille. Le fisc aurait donc pu prétendre à un surcroît de 60,000 fr. sur le cautionnement fixé à 12,000 fr., il est lésé des 5/6.

On opposera que personne alors n'aurait hasardé de verser pour lesdites places 72,000 fr. sous le gouvernement incertain de l'Usurpateur, mais cet argument tombe aujourd'hui que la France a un gouvernement garanti par toutes les puissances de l'Europe.

Observons que je cite le transfert des moindres offices de Lyon, qui sont ceux des courtiers de banque, inférieurs à ceux de soie dans lesquels on voit des titulaires gagner 30 et 40,000 fr. de rente; inférieurs à ceux des denrées dont quelques titulaires, en débutant sans une obole, ont fait une fortune de trois cent mille francs en 10 ans. On peut donc raisonnablement s'attendre que si des places aussi lucratives étaient mises à l'enchère, le fisc, sous un gouvernement stable et garanti, en obtiendrait le prix courant du transfert, savoir : 30,000 fr. abandonnés et 12,000 fr. cautionnés et que beaucoup de gens, en cas d'option, aimeraient mieux donner 60,000 fr. cautionnés à intérêt et reversibles à l'héritier que 30,000 fr. abandonnés. La caisse d'amortissement perd donc sur la traite de banque la valeur de 2 fois et demi en abandon sans intérêts, ou 5 fois en conseing à intérêt, la somme qu'elle a reçue des courtiers. Et en supposant qu'elle ait reçu d'eux 20 millions de cautionnement, elle est en perte ou de 50 millions abandonnés, ou de 100 millions cautionnés.

A l'appui de cette assertion, je ferai valoir la plus-value actuelle, produite par le débloquement des ports.

A l'époque où Bonaparte céda aux courtiers cette mine d'or pour un plat de lentilles, tous les offices des ports avaien beaucoup moins de valeur qu'aujourd'hui. L'ouverture des mers a rendu aux courtiers tout le tripotage des blés et denrées, qui était bien réduit pendant le blocus, et les courtiers de banque bénéficient en raison de cet accroissement de circulation. Le fisc obtiendrait d'autant mieux le prix habituel du transfert qu'il est recherché comme une faveur, un coup de fortune sur lequel on presse vivement les titulaires que l'âge met dans le cas de songer à la retraite.

En résumé, l'exercice du courtage est une industrie très-activement sollicitée à des prix qui établissent lésion de 100 millions de versement à la caisse d'amortissement. Or, dans un temps calamiteux, où l'épuisement des ressources oblige à des mesures désastreuses, comme l'aliénation des forêts nationales, convient-il de négliger une rentrée de 100 millions si légitimement dus au fisc?

Autre lésion de 30 *millions sur le courtage clandestin.*

Cette industrie existe, en dépit de toutes les lois répressives. La maladresse qu'on a mise à l'attaquer n'a servi qu'à enraciner le désordre. On a agi selon la méthode jacobite: on a employé l'arbitraire, les dénonciations secrètes, l'incarcération et tous les procédés les plus odieux. On a soulevé les négociants: il fallait, au contraire, commencer par capter leur opinion. Mais la finance est si novice quand elle lutte avec le commerce, qu'elle manque la majeure partie de ses opérations, pour ne pas dire l'universalité. Ce courtage clandestin, contre lequel on déploie depuis 15 ans, et inutilement, tout l'attirail de la terreur, peut être extirpé pleinement en moins de trois mois.

Quel produit donnerait au fisc la répression de cet abus? Rien n'est plus aisé à évaluer. Le courtage clandestin envahit au moins un sixième des négociations. Les clandestins ou *marrons*, quoique exclus de diverses branches, comme les effets publics, l'assurance, l'affrètement, les ventes de cargaisons, opèrent très-activement sur le papier et les denrées. Ils recueillent de bonnes prises que ne peuvent aborder les titulaires, et je puis citer tel *marron* à Paris qui gagnait en courtage de banque 30,000 fr. de rente en recueillant les miettes de la table du mauvais riche, les négociations de lettres de change, dédaignées par les titulaires qu'absorbe le tripot des effets publics. Un *marron* intelligent (il est force d'admettre ce terme technique) peut bien en gagner autant dans Bordeaux ou Marseille sur les denrées, et c'est encore une belle industrie que celle qui peut donner 30,000 fr. de rente sans autre versement que les 4 conditions requises: Bon pied, bon œil, bonne langue, bonne craque.

Le marronnage existe en dépit de toutes les lois. Cette contravention est et sera indispensable au service du commerce tant qu'existera le monopole actuel de courtage.

S'il existe une industrie légale ou illégale qui perçoive un sixième des bénéfices du courtage, 3 millions de rente sans payer une obole d'impôts (car les marrons étant méconnus par la loi, ne sont grevés d'aucun impôt), quel est le devoir des agens fiscaux à cet égard ? C'est d'organiser et de soumettre à l'impôt une industrie devenue nécessaire. On peut donner aux courtiers marrons des statuts réguliers, leur assigner des fonctions subalternes et limitées, en les excluant de la négociation des effets publics, de l'affrètement, de l'assurance, des interventions juridiques ; on peut, dis-je, malgré toutes ces exclusions bien propres à satisfaire les titulaires, percevoir une vingtaine de millions de cautionnement sur les courtiers marrons sans nuire en aucune manière à la rentrée des 100 millions qui restent à percevoir sur les titulaires. Un tel parti n'eût-il pas été beaucoup plus sage que de s'escrimer depuis 15 ans à persécuter des gens au sujet desquels le commerce témoigne de fait et a déclaré explicitement « qu'il a un besoin urgent de » leurs services, qu'il lui est impossible de s'en passer », et que les demandes tendant à persécuter les marrons sont l'effet de la cupidité des maisons du 1er ordre qui, sûres d'amorcer les titulaires par de brillantes commissions, voudraient priver de courtiers les maisons de 2e et de 3e ordre, les réduire en ilotes commerciaux chez lesquels le courtier titulaire n'entrerait que pour leur dicter les lois du banquier ou agioteur de haut parage. Diverses chambres de commerce, entre autres celle de Lyon, ont opiné pour cette persécution, parce qu'elles sont composées d'une douzaine de matadors qui voudraient opprimer la grande majorité composée de moyens et de petits négociants, mais la chambre de Paris s'est déclarée pour la majorité et pour la justice dans la lettre qu'elle a adressée au ministre de l'intérieur le 9 août 1809.

CHAPITRE IV.

SCANDALES BIZARRES QUE PRODUIT LE COURTAGE CLANDESTIN.

Les gouvernements sont prodigues pour leurs favoris comme les amants pour leurs maîtresses. L'Usurpateur fut généreux pour les courtiers autant qu'Assuérus pour Aman, que Charles IV pour Godoï. Tel fut le dévouement de Bonaparte pour les limiers d'agiotage : il voulut que tout fléchît devant eux, qu'ils pussent éclipser et tyranniser le commerce de consommation, pour le service duquel ils étaient institués. On régla tous leurs statuts de manière à ne favoriser que l'agiotage, et sous prétexte d'exclure les courtiers illégaux, on interdisait aux négociants de moyenne et de basse classe l'emploi d'agents peu cupides, peu coûteux et analogues au service du négociant peu fortuné qui s'adonne au commerce de consommation.

Cette nombreuse classe de négociants compose la grande majorité ; elle représente avec raison que les courtiers titulaires, gorgés de richesses, enorgueillis par les faciles bénéfices du haut agiotage, dédaignent les commissions modestes et peu lucratives du négociant de moyen ordre. Celui-ci, sans l'intervention des courtiers clandestins ou marrons, serait obligé de déserter son comptoir, d'aller traiter lui-même les négociations ingrates qui produisent au courtier quelques écus. Il n'ose réclamer l'entremise des altiers titulaires que pour les services d'où ils recueillent l'or à pleines mains. Dès-lors, la masse immense des petits et moyens négociants composant la majorité serait comme dépourvue de courtiers si elle était réduite à ces privilégiés tout concentrés dans le tripot lucratif des effets publics ou de l'agiotage. Ils y sont absorbés à tel point que, sur 89 courtiers de banque à Paris (9 août 1809), on n'en trouvait pas 1/3 qui daignât s'occuper de la négociation des lettres de change : d'où il résulte qu'une compagnie créée pour le service du commerce ne daignait pas servir le commerce, résultat bien digne des innombrables abus qu'a consacrés le traité des ministres consulaires sur ce monopole.

Trois motifs impérieux militaient depuis long-temps pour la révision du traité et des statuts :

1° Le service du moyen et du petit commerce, classes qui composent les 9/10 des négociants.

2° Le droit du fisc. On revient légalement sur les marchés, en cas de minorité, pour lésion d'outre-moitié. A plus forte raison doit-on y revenir quand il y a lésion de 5/6 et leurre du total sous un gouvernement mineur.

3° L'unité de système. La libre concurrence, en admettant les monopoles dans le cas d'intérêt de l'État ou du commerce, doit les rejeter dans le cas de lésion révoltante de l'un et de l'autre.

Pour satisfaire à ces trois conditions, il fallait admettre dans le courtage comme ailleurs une graduation ou hiérarchie d'agents affectés aux divers services, et versant un cautionnement plus ou moins élevé selon les bénéfices des fonctions auxquelles ils sont affectés et bornés.

Loin d'aviser à toutes ces mesures d'équité, on a dernièrement mis le comble aux privilèges en accordant l'hérédité du courtage. Quelle monstruosité ! où en serait le système social si pareil empiètement s'introduisait dans le commerce et dans les manufactures, qui auraient bien plus de droits à la demander, car celui qui expose ses capitaux mérite plus de faveur que celui qui ne hasarde que des verbiages. Toute liberté serait anéantie si l'on ne pouvait élever un commerce, fonder une manufacture, faire un armement, sans être l'héritier d'un négociant, fabricant ou armateur. Les courtiers, fidèles à leur tactique de profiter de toutes les occasions pour adresser au ministère des plaintes lamentables sur leur position, ont saisi le moment où les indemnités de guerre exigeaient un sacrifice de chaque citoyen, et, selon leur usage de duper tout le monde, ils ont tiré parti d'un moment de détresse pour obtenir l'hérédité de leurs offices, et à quel prix ? à peine au vingtième de la valeur réelle de cette concession.

Ceux de Lyon ont obtenu pour 4,000 fr. l'hérédité de fonctions qui rendent communément 10,000 fr. et quelquefois 40,000 fr. C'est encore là une scène de monde à rebours : car, au lieu de céder l'emploi pour le capital de la rente au denier 10, on a envisagé la rente comme capital du denier à exiger.

Une fonction qui rend 10,000 fr. de rente n'en vaut-elle pas en propriété héréditaire 100,000 fr., le capital décuple? Combien de manufacturiers emploient un capital de 100,000 fr. pour obtenir, après un travail pénible, 10,000 fr., et encore courent-ils le risque de perdre, tandis que le courtier n'a jamais rien à risquer. Des années médiocres sont compensées par d'autres plus fortunées, mais il y a bénéfice dans tous les cas ; chance qui n'existe pas pour les fabricants. C'est donc estimer très-modérément que d'estimer la concession d'hérédité du courtier au décuple du revenu moyen. On n'en a pas tiré moitié de ce revenu. Est-ce impéritie ou mauvaise volonté ? Je ne sais, mais il y a lésion des 19/20, c'est donc un marché dérisoire, une surprise révoltante et punissable dans ceux qui en sont les auteurs.

J'entends répliquer qu'il est bien embarrassant de traiter avec ces aigrefins, que l'autorité, en prenant force informations, est entraînée de duperie en duperie. Sans doute elle n'est pas de force à lutter contre le commerce, encore moins contre les courtiers qui dupent et vexent

2° La moralité des courtiers est encore moins garantie. Si leur monopole écarte les menus larrons, il favorise les grands fripons, les banqueroutiers audacieux comme on l'a vu dans les banqueroutes de Lefebvre et Fould à Paris, Seigneray à Bordeaux, Peillod à Lyon, banqueroutes d'autant plus scandaleuses que le réglement interdit tout commerce aux courtiers, toute disposition des fonds déposés pour leur privé compte. Leur compagnie n'use de son influence que pour assujétir à l'agiotage les effets publics et trahir en tout sens leur pays qui les comble de faveurs.

3° L'industrie des courtiers n'est pas régularisée. Les vexations et lacunes de service résultant de leur monopole obligent le négociant à employer en tous pays des courtiers illégaux ou clandestins, exempts de tribut. Il ressuscite les coutumes du jacobinisme par les dénonciations secrètes et autres mesures inquisitoriales employées par les syndicats de courtage.

Tant de duperies de la part du gouvernement de Bonaparte donnent lieu à soupçonner une manœuvre dont les courtiers n'ont pas fait grand mystère. On les entendait dire ouvertement de tel grand personnage : *Pour celui-là nous l'avons dans notre manche.* Il est probable que les courtiers avaient suivi le bon conseil de Virgile : *Placant hominesque Deosque munera.* Eh ! sans le ressort de la vénalité, comment pourrait on croire qu'un gouvernement qui se composait de chefs très-cauteleux eût pu sacrifier ainsi tous ses intérêts? à qui? à des courtiers.

Après ce préambule sur les incidents qui ont favorisé cette compagnie, il est temps de faire connaître les abus du courtage, avec quelques détails ; je ne traiterai le sujet qu'en abrégé pour ne pas surcharger la section, déjà fort étendue.

CHAPITRE VI.

DES ABUS DU MONOPOLE DE COURTAGE.

Dans l'analyse des maîtrises ou monopoles limités numériquement, je rencontre un obstacle. C'est que je ne les connais pas par expérience, et ne puis me procurer les brochures qui en ont dévoilé les abus. Je ne suis initié qu'aux mystères secrets d'une seule que j'ai exercée en contravention : c'est celle du Courtage.

On peut rapporter les abus du monopole de courtage à 3 genres et à 12 espèces; indépendamment de la lésion fiscale dont j'ai traité séparément et par forme de préambule.

PREMIER GENRE. — *Les exactions industrielles.*

Premier grief. *La cumulation d'emplois sans impôt.* — Habitués à ne suivre aucune loi, ils exercent publiquement la commission et la banque, en dépit des statuts qui défendent cette cumulation. Souvent ils se disent courtiers pour éviter l'impôt de banquiers, et banquiers pour éviter celui de courtiers, quand ils devraient payer l'un et l'autre. Dans Bordeaux, Marseille, Rouen, Montpellier, ils sont tous banquiers et courtiers à la fois.

On est bien étonné de ne voir dans l'almanach que trois courtiers de banque dans des villes comme Rouen, Marseille, qui en occupent au-delà de trente ; mais au moyen de la bigamie que je viens de citer, ils évitent cautionnement et patente. Un petit nombre d'entre eux consent à ce tribut pour profiter des dîmes que la loi accorde aux courtiers en légalisation d'affaires contentieuses. La finance a bien entrevu qu'elle était jouée par les courtiers de grandes villes, mais avec leurs livres de banque ils savent en bonne forme éluder la loi, et les financiers peu experts en pièges mercantiles se laissent prendre à celui-ci comme à tant d'autres. Et ce n'est pas un tort individuel ; c'est une corporation tout entière qui foule aux pieds les statuts faits pour son avantage et dictés par elle-même.

Deuxième grief. *La compensation d'impôt par les dîmes commerciales.*—Elles sont au nombre de trois : 1° Droit sur le contentieux, sur les comptes de retour, enchères, ventes juridiques, sans autre corvée qu'une signature ou une apparition. La loi serait fondée à confier cette intervention aux agents fiscaux, et leur allouer la dîme qui équivaut et surpasse parfois le produit de la patente des courtiers. D'ailleurs, ces messieurs ne se bornent pas au droit fixé. J'en ai vu signer des comptes de retour à 3 0/0 de différence du cours et se faire donner moitié du grivelage. Même fredaine a lieu en ventes juridiques. Souvent elles sont convenues d'avance. Le courtier intervient pour la forme, et reçoit 3 0/0 pour sa signature et sa part au gâteau.

2° Dîme sur les loteries mercantiles de ventes à livrer qui sont des jeux de sommes énormes stipulées sur des objets imaginaires, sur deux ou trois mille tonneaux ou balles qui n'existent pas, sur lesquels on paie, on reçoit à l'époque de livraison le montant de la variation que le cours a subie. Cette loterie autorisée est d'autant plus active qu'elle n'est pas grevée de chances inégales comme les jeux publics, et se prête beaucoup plus à la frénésie du jeu. Cette mine d'or abandonnée aux courtiers pourrait être tenue en régie par le fisc à qui appartiendrait la prime de légalisation du marché. Il faudrait même grever ces jeux de hasard d'une prime très-forte pour en arrêter la propagation. C'est une branche d'agiotage très-riante, une *perfectibilité commerciale*, qui produit aux courtiers au-delà de l'intérêt de leur cautionnement. Il est compensé par cette seule dîme.

3° Dîme sur les créances en faillite, autre prérogative des plus scandaleuses. En cas de faillite, la créance du courtier est privilégiée comme celle du boulanger, du boucher et du logeur, qui ont fourni des valeurs bien réelles, tandis que le courtier n'a fourni que des verbiages et des mensonges qu'on assimile en importance aux fournitures de pain et de viande.

Que de faveurs au mensonge dans un siècle qui se vante de chercher la vérité! Cependant, le courtier est un créancier qu'on devrait placer au dernier rang, car loin de risquer il gagne en cas de perte supportée par l'objet vendu. En cas de faillite, le perdant devrait être autorisé à percevoir double prime sur le courtier qui, par astuce ou par avidité, a provoqué la livraison, et qui souvent cause les faillites en provoquant de folles entreprises. On en voit s'entendre avec le failli pour lui procurer des marchandises, duper des négociants et partager la dépouille. Ils ont su, comme on le voit, se faire allouer des dîmes sur les fredaines pour lesquelles ils devraient en payer eux-mêmes, et les trois que je viens de citer doivent compenser, souvent même surpasser le prix de la patente et l'intérêt du cautionnement. Dans ce cas c'est l'état qui les pensionne pour le monopole qu'ils lui ont surpris.

Troisième grief. *Le péculat fiscal et commercial.* — Le péculat commercial consiste dans le divertissement des capitaux que le courtier aventure pour son propre négoce aux dépens du capitaliste qui les lui confiait pour un placement solide. Les courtiers, en exposant ainsi le bien d'autrui sans son consentement, gardent le bénéfice en cas de succès; mais en cas de perte, ils se dédommagent par une *banqueroute* pour *compte d'amis*, pour compte du dépositaire qui n'avait pas même connaissance du divertissement de ses fonds et qui, dans l'intervalle, a été abusé par quelques effets simulés ou par quelque autre ruse. Ces fonds hasardés par le courtier sont autant de larcins faits au négociant chez qui le dépositaire et la loi voulaient qu'on en fît le placement.

Le péculat fiscal consiste dans la revente d'offices confiés en jouissance viagère, en usufruit (avant 1816). Ces courtiers peuvent être destitués comme l'ont été Lefebvre et ses adhérents. Ils se mettent en règle (c'était avant l'hérédité) par des démissions et des simagrées apparentes, en représailles desquelles on devrait leur infliger la peine du talion, le procès sur notoriété et la restitution du bénéfice de revente qui est quintuple de leur cautionnement.

Quatrième grief. *L'élimination concurrente des négociants.* —

C'est ici le côté plaisant des escamotages. Le négociant, si jaloux de son industrie, souffre paisiblement que des subordonnés le rivalisent en contradiction aux lois, qu'ils enlèvent l'industrie au commerce payant les impôts. Analysons ici la lésion du négociant que la Chambre de Paris n'a exprimée que vaguement dans sa réclamation.

Le courtier perçoit 1/2 0/0 du vendeur et 1/2 0/0 de l'acheteur. Total, 1 0/0. Le commissionnaire, au contraire, donne 1/2 0/0 au courtier. Ainsi, l'un a déjà perdu 1/2 0/0 là où l'autre a gagné 1 0/0. Différence, 1 1/2 pour le courtier (et proportionnellement en banque). Il peut bien traiter le commettant au rabais et offrir à 1 0/0 la commission sur laquelle le négociant perçoit 2 0/0. Dès lors, le commettant qui à ce prix donnera la préférence au courtier, dans un achat de 1/2 million de grains ou de denrées trouvera une épargne de 10,000 fr. sur cette préférence, et pourtant le courtier, en percevant 10,000 fr. sur la provision, aura gagné tout autant que le négociant qui en aurait perçu 20,000 fr. Compte bien connu des gens de commerce. De là vient que beaucoup d'acheteurs ou consignateurs abandonnent le négociant et préfèrent le courtier.

Celui-ci a encore sur les négociants l'avantage de s'adjuger les meilleures parties, car il est informé des arrivages avant les négociants qu'il est chargé d'aviser, et il peut arrher avant eux.

La chambre de Paris a glissé sur ce point dans ses doléances du 9 août 1809. En le dévoilant avec éclat, elle aurait suggéré à beaucoup d'étrangers l'idée de traiter par les courtiers. De là vient qu'elle reproche simplement aux courtiers d'exercer la commission, et ne fait pas mention de la lésion énorme du négociant luttant contre eux. Il en est de même des négociants ou chambre de commerce. Dans toutes leurs communications faites aux ministres, ils sont toujours contenus par quelque motif d'intérêt qui les force à déguiser en plein ou en partie ces vérités.

Quant aux négociants, ils souffrent ces pirateries de leurs courtiers, parce que les corporations affiliées ont, comme les clubistes, la propriété de paralyser toute masse qui veut lutter contre elles. Quand le commerce a toléré qu'on donnât à ses valets titrés une puissance qu'il n'a pas lui-même, un syndicat de dénonciation secrète et de correspondance affiliée, qui dispose par ses menées du crédit individuel, on a dû s'attendre que bientôt les valets empièteraient sur les maîtres. C'est ce qui est arrivé.

Corollaire. — J'ai démontré que les courtiers, loin de payer (en balance ultérieure) aucun impôt, sont, d'après les 3 dîmes, pensionnés et dotés par l'État, indépendamment des énormes bénéfices attachés à leurs fonctions. Ils jouissent en outre du produit des pirateries qu'ils exercent, l'élimination concurrente et autres, sur le négociant et le capitaliste. En contravention aux lois qui leur défendent le commerce et la banque, ils jouissent de la cumulation des deux emplois, en ne payant patente que pour le moindre, et quelquefois pour aucun. Ils jouissent d'une véritable dotation par la faculté de revendre avec un énorme profit un office concédé à vil prix. Voilà quelques duperies du fisc ; on verra qu'il éprouve de la part des courtiers des lésions bien plus importantes.

Que de faveurs pour la classe la plus fourbe et la moins digne de protection! Quel talisman ont donc les courtiers pour fasciner et aveugler ainsi la débonnaire finance? N'est-on pas tenté de croire qu'ils ont comme le serpent la propriété de charmer et de stupéfier la victime qu'ils veulent dévorer?

Jusqu'ici nous n'avons vu que plaies d'argent dans les 4 griefs du premier genre, et même dans la grande lésion de cautionnement indiquée au préambule. Toutes ces pirateries sont peccadilles, et c'est sur le gouvernement que retombe le blâme. Plus les courtiers spolient, plus ils se montrent dignes de leurs soutiens. Quand l'autorité a la bonhomie de se fier aveuglément à la classe la plus mensongère de la Civilisation, de lui accorder des statuts permanents sans faculté de révision annuelle, sans précaution contre les subtilités de ces aigrefins, si le gouvernement est dévalisé, on ne peut pas plus le plaindre qu'un voyageur qui s'aventurerait sans escorte au milieu des Bédouins ou Cosaques, gens qui sont en guerre ce que sont les courtiers en industrie, pillant amis ou ennemis partout, sans risquer de combat. Au reste, quand on voit les codes les plus sagement médités présenter encore, dès leurs premières années, des lacunes et des imperfections qui exigent une foule d'amendements, que penser de la prétention des ministres consulaires qui crurent pouvoir dès le premier coup d'essai assujétir et régir en un seul règlement, et judicieusement, une corporation inépuisable en stratagèmes et en audace pour éluder les lois, et qui par son caractère d'indiscipline et par ses habitudes d'intrigues, mérite qu'on l'assujétisse à la révision périodique de tout règlement dont elle est l'objet.

Cette réserve de révision était d'autant plus nécessaire que les occupations et les bénéfices des courtiers peuvent être doublés, triplés dans les places de commerce En cas de pacification, il était juste d'élever en même rapport la patente et le cautionnement, et d'augmenter le nombre d'agents selon l'extension que la paix et l'ouverture des mers donnent au service. On remplirait un volume des inadvertances qu'a commises sur ce règlement le ministère consulaire : faut-il s'étonner que les courtiers en redoutent si fort la révision?

DEUXIÈME GENRE. — *Les bizarreries administratives.*

Nous passons à des délits graves qui compromettent la législation, la morale et la discipline. J'ai dû classer séparément ces délits et les isoler des larronages qui prêtent aux facéties.

Cinquième grief. *Le droit de répartition proportionnelle de l'impôt enlevé au gouvernement.* — Lorsque tant de contribuables se plaignent de ne pouvoir subvenir aux impôts, comment se fait-il qu'on refuse les tributs offerts par la classe aspirante au courtage? C'est, dit-on, pour ne pas déroger aux conditions du monopole de Bonaparte; mais lui-même avouait qu'on ne connaissait rien au commerce, et il en a bien fait preuve dans cette occasion, où il sacrifia aux courtiers le droit de l'état en finance : la répartition proportionnelle et annuelle de l'impôt.

Les bénéfices du courtage étant sujets à de grandes variations, l'autorité doit en constater les inégalités annuelles et varier en même rapport la quotité de l'impôt. Lorsqu'une paix maritime rouvre les communications, on voit dans chaque port les fonctions du courtage s'élever au double, au triple, et ainsi des bénéfices. Or, les mers étant fermées à l'époque du traité entre Bonaparte et les courtiers, ils firent valoir cette entrave pour tout obtenir; l'entrave cessée, les impôts stipulés sur cet état de choses deviennent dérisoires quand les facultés des contribuables sont évidemment triplées. N'est-il pas de règle, en finance, de charger les cantons ou individus dont la fortune s'accroît et de dégrever ceux qui sont en souffrance, et de réserver à l'état les moyens d'établir cette proportionnalité annuelle? Or, pourquoi, sur l'industrie très-variable des courtiers, déroger à cette règle, dont le seul oubli suffirait pour frapper de nullité le règlement de Bonaparte?

Je m'appuie d'un exemple. A l'époque où l'on créa, à Lyon, le monopole, les courtiers de banque gagnaient autant que ceux de soie, et tous deux plus que ceux de commerce. On fixa les deux premières classes à 12,000 fr. et la troisième à 8,000; mais les conquêtes et autres incidents concentrèrent dans Lyon et Strasbourg une foule de relations commerciales, entre autres le marché des cotons du Levant et de Naples. Il arriva que les courtiers de commerce, qu'on avait nommés par dérision les *huileux* (1), gagnèrent plus que ceux de soie et de banque : souvent un huileux gagnait mille écus en un coup de filet; ils devaient

---

(1) *La noblesse et la roture du courtage.*

Recourons à quelque facétie pour nous délasser de ce tableau. Examinons nos héros les courtiers, sujets comme les autres aux faiblesses humaines.

donc, pendant ces années, fournir en cautionnement et en patente plus que les courtiers de banque et de soie.

Concluons de là qu'on ne doit statuer que temporairement et conditionnellement sur toute l'organisation du courtage, tant en impôts qu'en nombre d'agents, et que l'autorité fiscale tombe dans le ridicule, si elle se prive du droit de révision périodique sur les statuts, contributions et nombre d'agents d'une industrie si variable en tout sens et si suspecte à l'autorité qu'elle contrecarre sans cesse dans les intrigues d'agiotage.

Ils ont entre eux une noblesse et une roture. On conçoit que c'est le poids de l'or qui décide de la noblesse. Eh! quelle autre boussole des courtiers pourraient-ils suivre?

Ceux de banque et d'effets publics étaient jadis les nobles de la corporation; de là vient qu'ils prirent le nom d'agents de change, laissant aux autres le nom de courtiers ou courtauds, qui est assez trivial. Cependant les fonctions sont les mêmes de part et d'autre, car trotter pour négocier des denrées ou des lettres de change, pour un domaine, c'est toujours être un entremetteur ou courtier, et j'applique ce nom même à des gens qui négocient sur les demoiselles à marier. Dira-t-on qu'ils sont agents de change pour le mariage? Non. Ce sont tout simplement des courtiers de mariage, et c'est peut-être la classe la plus nombreuse, car tout le monde se mêle de proposer des demoiselles au détriment des notaires, qui ont le privilége, mais qui ne peuvent suffire, vu l'abondance de la denrée.

Au fait, certains courtiers ont prétendu à la noblesse, et, dans chaque ville, ceux à grand bénéfice ont voulu un titre imposant. Par exemple, à Lyon, ceux de la soie, qui sont des matadors, se sont dits agents de change pour la soie, titre aussi exact que le serait celui d'un cordonnier qui se dirait tailleur pour les bottes.

Dans la même ville de Lyon l'on appelait, en 1800, les courtiers de denrées des *huileux*, et la liste de ceux-ci fut reléguée à la Bourse, dans un petit tableau séparé, tandis que ceux de banque et de soie furent inscrits dans un grand et noble tableau d'où étaient exclus les *huileux* ou roturiers.

Mais il est arrivé depuis dix ans que les huileux ont fait des bénéfices énormes sur l'agiotage des denrées coloniales. Les huileux, dans ce charivari, ont gagné amplement de quoi payer le dégraisseur; de sorte que les courtiers nobles, ceux de bourse et de soie, ont commencé à sourire aux huileux, à s'humaniser avec eux, leur adresser des douceurs du jargon : « Ah! les chiens, ont-ils fait leurs farces, les coquins! » Au besoin, on admettait les huileux dans le grand et noble tableau d'où ils furent exclus, lorsqu'ils étaient petits garçons. D'autres incidents ont eu lieu dans beaucoup d'autres villes. D'après cela on ne sait trop quels sont les vrais nobles entre les courtiers, puisque les anciens colliers de l'ordre se mésallient avec les roturiers qui ont acquis le poids de l'or en faveur. Voilà donc aussi le courtage en révolution. Tant il est vrai, comme l'a dit Mirabeau, que la révolution devait faire le tour du monde, sans en excepter l'obscure république des courtiers.

Sixième grief. *La faveur de la loi assurée à ses violateurs les plus coupables.* — Si le courtier illégal est riche, il peut exercer audacieusement en dépit de la loi, prendre patente de banque ou de négoce, s'étayer d'endossements accidentels, de comptes simulés, de commissions réelles. Ainsi, celui qui préjudicie le plus au commerce, en cumulant les fonctions de courtier et de commissionnaire, jouit de la protection de la loi et de l'entrée légale à la Bourse, tandis que celui qui demande à exercer en payant l'impôt et le cautionnement est l'objet de la rigueur des lois.

En outre, on favorise par cette inconséquence tout hypocrite qui, ayant l'intention secrète de ne pas payer le cautionnement, affecte de l'offrir, et se prévaut de la bienveillance qui s'attache aux prétendants arbitrairement exclus.

Ces inconséquences d'une loi qui contrarie en tout sens l'honnête aspirant pour assurer pleine faveur à l'hypocrisie suffiront pour expliquer le mépris général où est tombé le règlement et la répugnance que les tribunaux et la police témoignent à exercer des poursuites qui, frappant les négociants dignes de protection, n'atteignent point les contrevenants, dignes de châtiment.

Septième grief. *Le refus de service faute de nombre.* — Nous voulons, disent-ils, tout pour nous et rien que pour nous. Par suite de cette avidité, ils se limiteront à un si petit nombre, que le service doit éprouver des lacunes. Il est connu que, parmi ceux de Paris, absorbés au tripôt de la rente, il n'en est pas un tiers qui se donne à la négociation des lettres de change, besogne habituelle des négociants, pour qui ils sont crées. Ainsi, sur les quatre-vingt-dix courtiers de Paris (1808), il en reste seulement un tiers pour le service des lettres de change, trente seulement, nombre qui ne peut suffire à Lyon, ville cinq fois moindre que Paris en population et en banque.

A Lyon, ils s'étaient limités d'abord au petit nombre de cinquante, qui excita d'abord tant de réclamations, que, pour céder tant soit peu au commerce, ils s'adjoignirent seulement dix collègues de plus, mais le nombre peut-il suffire? Jugeons-en par une branche du service, les laines.

Elles sont exercées à Lyon par plus de cent maisons exerçant la fabrication ou l'approvisionnement de la chapellerie, et l'on ne voit, parmi les dix courtiers, qu'un seul occupé fixement à ce service, et aucun lorsque ce privilégié tombe malade. Où en serait le service des cent cinquante maisons si elles n'entremettaient pas des agents clandestins?

Sans doute les neuf autres titulaires s'ébranleront quand ils verront quelque belle proie, quelque partie de matière offrant cent écus de provision en une pirouette et pouvant devenir objet d'agence et de revente ranties aux conclusions. Remarquons provisoirement que le commerce, si fréquemment dépouillé par les courtiers, comme on l'a vu dans les faillites de Fould à Paris, Peillo à Lyon, Seigueray à Bordeaux, n'a pas même su profiter de ces leçons pour solliciter l'engagement solidaire de leur cautionnement, en indemnité de tout jeu d'agiotage dans lequel les courtiers s'engageraient en contradiction à leurs statuts, qui leur interdisent la banque et le commerce.

Onzième grief. *L'imminence du monopole général.* — Toute corporation affiliée et correspondant par comités de syndicat tend à l'envahissement, même sans le savoir. Les jésuites, les jacobins ne prévoyaient pas, à l'époque de leur fondation, quels empiétements ils devaient tenter bientôt après. Il en est de même des courtiers, qui n'ont pas été fondés pour opérer l'envahissement général du courtage, mais qui y tendent secrètement et pourraient y atteindre en moins de dix ans, si on les dégageait de la concurrence des courtiers clandestins, qui sont le seul frein au monopole général,

Certaines compagnies, comme les francs-maçons (9e section), passent des siècles à ignorer qu'elles ont en elles-mêmes le germe d'un vaste empiètement. Il en est de même des courtiers qui ne se sont pas aperçus du but de la féodalité commerciale où leur compagnie conduirait l'ordre civilisé si elle etait délivrée de cette concurrence des clandestins qui, heureusement, se sont maintenus en dépit des efforts des privilégiés.

La concurrence serait anéantie du moment où les courtiers seraient assurés de l'élimination des rivaux. On les verrait prendre des résolutions contre tel ou tel négociant, ce qu'ils ont déjà fait, user de leur influence sur le crédit pour régler celui de chaque maison de moyen ordre, selon qu'elle se rendrait agréable à leur compagnie, forcer ces maisons de moyen et de petit commerce à leur porter humblement les notes de négociations à faire, se liguer avec le petit nombre de grandes maisons pour tout asservir et par ce concert d'intrigues faire ballotter à volonté le cours dont chaque variation tourne à leur bénéfice, et surtout empiéter sur le commerce de commission.

Dans les premieres années, le bénéfice du haut commerce serait pertagé entre les courtiers et les maisons principales liguées avec eux; mais après l'envahissement de la commission, qui leur serait très facile par la différence de 1 0/0, ils aborderaient successivement les autres branches, et comme cette innovation ne manquerait pas d'exciter les clameurs de quelques négociants, ils offriraient dans les moments de pénurie une ferme au ministère et obtiendraient pour le plus vil prix, comme dans le marché de l'hérédité, des fermes successives de chaque branche en s'agrégeant les maisons les plus marquantes en ce genre.

Notre siècle a frisé de près cette révolution qui eût fait tomber l'ordre civilisé en quatrième phase. Les courtiers avaient demandé à Bonaparte la réclusion de leurs concurrents dans les prisons d'état. Peu s'en fallut qu'ils ne l'obtinssent; une telle persécution pouvait leur réussir, les débarrasser de rivaux, et l'envahissement eût été bientôt consommé. Quand ils auraient tenu le commerce par monopoles et syndicats affiliés, on aurait vu périodiquement des famines et disettes de matières, des manœuvres comme celle de la compagnie d'Amsterdam, qui fait brûler une masse d'une denrée pour la raréfier et en hausser le prix. Alors la bourgeoisie et tous les menus propriétaires auraient été en servage féodal sous les ligues mercantiles qui auraient dirigé à volonté le prix des grains comme elles l'ont fait en différentes occasions dans les marchés de Flandre par des hausses ou baisses simulées.

Je le répète, les courtiers n'ont point entrevu cette propriété inhérente à leurs statuts d'affiliation et à leur genre d'industrie. Les économistes ne s'en sont pas non plus aperçus.

Douzième grief. *Procédés jacobites et danger d'extension.* — Si j'avais manqué de moyens pour confondre les courtiers, j'aurais placé au premier rang ce grief que je réserve pour le dernier, mais j'ai voulu soulever contre eux la raison et non la passion. Aussi ai-je glissé légèrement sur leur infâme politique dont il faut enfin faire une courte mention.

La tactique des courtiers n'est autre que le système des clubs, reproduit en miniature. Inquisition, syndicat, délations secrètes, liste de suspects, arrestation sur de simples soupçons, suspension de lois pénales, condamnation sur notoriété, bref l'image fidèle du tripot jacobite. Aussi les autorités ont-elles manifesté une répugnance unanime à seconder les mesures de persécution que la cupidité dicte à ces monopoleurs, d'autant moins dignes d'appui légal, qu'en réclamant la loi pour leur intérêt ils la violent ouvertement par les banqueroutes et autres prévarications citées.

Une propriété bien odieuse du système inquisitorial des courtiers, c'est de communiquer à la compagnie en masse la malfaisance du plus méchant de ses membres et faire coopérer même les plus indulgents à toute vexation.

Par les moyens actuels, la dénonciation est déposée au syndicat, composé, pour l'ordinaire, des plus cupides. Il agit comme par devoir et collectivement. La compagnie attribue aux devoirs du syndicat tout l'odieux de la poursuite.

Chacun laisse exécuter une vexation qu'il n'a pas provoquée, mais dont il partage le bénéfice. Les syndics disent n'avoir agi que par ordre de la masse. Chacun des membres nie être l'auteur de la dénonciation mense majorité, servent à souhait les empiètements du syndicat de courtage, et la quatrième, qui désire le réprimer, est paralysée. D'ailleurs elle a jusqu'à présent ignoré les moyens de résistance dont je parlerai aux amendements.

Le syndicat reste donc pleinement maître de ses moyens oppressifs, qu'on peut rapporter aux leviers suivants :

1° Altération du crédit individuel ; concert secret pour miner le crédit des négociants insoumis, leur enlever la confiance, leur retirer les dépôts des capitalistes, qui ne connaissent guère que les courtiers, les diffamer par de perfides insinuations, par des renseignements équivoques et chancelants, qui font suspecter une maison, lors même qu'on affecte de la recommander.

2° Faculté d'intimider, par un comité syndical et inquisitorial, qui recueille les délations secrètes et fait craindre aux nombreux négociants des deuxième et troisième ordre d'être mis sur la liste des suspects aux courtiers, et traduits devant les tribunaux, pour avoir écouté le glaneur qui vient recueillir les petites commissions dédaignées par les titulaires.

3° Unité d'action contre les commerçants qui, par les lenteurs et l'incohérence de leurs mesures, se font battre en détail et mystifier dans toutes les tentatives de résistance aux courtiers. Persuadés de leur impuissance, ils désespèrent d'avance de la réclamation la mieux fondée. Une députation du syndicat les frappe de stupeur et leur fait signer, en Bourse, des déclarations contraires à toute doléance qu'ils ont pu signer et adresser précédemment ; aussi en voit-on beaucoup qui signent le pour et le contre, ici par conviction et là par terreur.

En définitive, jamais compagnie ne fut mieux en mesure d'envahir avec rapidité et de s'emparer de tout le commerce en feignant de le servir, de même que les jacobites, sous prétexte d'éclairer et de servir les autorités, parvinrent à les toutes asservir. Il faut l'avouer, les courtiers n'ont pas eu des vues si vastes ; ils n'ont songé qu'à morceler et à rançonner le commerce, et n'ont que peu ou point entrevu les moyens très-faciles de l'envahir en entier. Mais quand on voit des sociétés beaucoup plus éclairées, comme celle des francs-maçons, manquer pendant quatre cents ans l'envahissement religieux pour lequel elle avait tant de moyens, faut-il s'étonner que des courtiers aient manqué pendant quinze ans l'envahissement commercial auquel s'oppose la concurrence des courtiers clandestins, envahissement dont les courtiers titulaires découvriraient très facilement les voies dès l'instant où l'obstacle de concurrence serait levé par l'emploi des persécutions qu'ils sollicitent depuis quinze ans.

§ II. — *Les ministres et les financiers.*

Les fautes dont je vais parler furent l'ouvrage des ministres de Bonaparte : c'est un motif de ne pas épouser aveuglément leur système. On fit valoir auprès d'eux l'absence de dynastie, le défaut de crédit public sous le gouvernement consulaire, le danger de confier un cautionnement de forte somme à une administration encore irrégulière et qui se défiait de sa propre stabilité, puisque les chefs eux-mêmes s'accordaient à mobiliser leur fortune. Ces motifs étaient plausibles, et le gouvernement consulaire (1) dut sentir combien sa garantie était éphémère pour les cautionnements. Les anciens courtiers firent valoir cet argument pour ressaisir à vil prix leur monopole. — Et lorsque Bonaparte ceignit le diadème et fonda avec grand appareil sa dynastie, elle ne présentait pas encore de garantie assez fixe pour qu'on pût supposer les révolutions finies et établir les cautionnements d'offices à leur valeur réelle et comparative aux bénéfices annuels. D'ailleurs on dut, par amour-propre, maintenir le traité du gouvernement consulaire; mais il est évident que le prix du monopole concédé pendant cette queue d'anarchie ne peut pas être considéré comme prix définitif et fondé sur la garantie d'un gouvernement digne d'entière confiance.

Du vice originel passons au développement politique, à l'exclusion de police et de surveillance que le gouvernement devait se réserver. —Pouvait-il ignorer que les compagnies de courtiers, fondant leur bénéfice principal sur les mouvements d'agiotage, sont intéressés à les provoquer au détriment du commerce de consommation? Il était donc aisé de prévoir que les courtiers n'useraient de leur influence que pour organiser ce fléau, et que tout règlement qui leur accorde une influence illimitée est un appui fourni à l'agiotage qui, dans ses périodes d'activité, produit plus en un mois aux courtiers que ne produirait le commerce de consommation. Qui est-ce qui va de porte en porte exciter au jeu de hausse et crier au capitaliste et au négociant paisible : « Achetez des sucres, achetez des farines, voyez tels et tels; ils se font » un pont d'or sur les blés; il n'y a que vous qui ne voulez pas gagner » de l'argent. Non, vous n'aimez pas l'argent. L'argent vous tend les » bras, vous n'en voulez point. » Qui est-ce qui va stimuler ainsi la frénésie du jeu? N'est-ce pas la compagnie des courtiers, qui, gagnant à la baisse comme à la hausse, a intérêt à faire pulluler les agioteurs, afin que leurs différences d'opinions causent des fluctuations, des re-

(1) Le ministère consulaire sentant combien le fisc était lésé par la modicité du prix de concession refusa long-temps d'y souscrire, et les deux premières députations de la compagnie de Lyon ne parvinrent point à conclure.

ventes journalières, et que la multitude des détenteurs ouvre des chances aux trames des meneurs?

Il est inutile d'insister sur cette malfaisance des courtiers pour faire sentir la faute d'une administration qui se priva de moyens de surveillance et révision d'un monopole aussi dangereux.

De même que la vip`re peut fournir quelques sucs salutaires, ainsi le monopole peut devenir utile quand il assure un service qui péricliterait entre les mains des agents libres. Il peut convenir de privilégier une compagnie d'armateurs pour certaines régions éloignées où les armateurs isolés manqueraient aux ménagements nécessaires avec les princes ou les naturels du pays. Il est encore utile dans les gestions de loteries, bureaux de prêt, et sous le rapport des garanties; mais les fonctions de courtage n'entrent point dans la catégorie de celles qu'il faut enlever à la concurrence; elles sont, au contraire, de celles qu'il faut combattre par elles-mêmes. Les intrigues de courtage sont comme la piqûre du scorpion, que l'on guérit en écrasant l'animal sur la blessure. Il en est de même des courtiers, dont on déjoue les intrigues en opposant une ligue à une autre. Il faut donc se borner à exiger d'eux les trois garanties déjà énoncées et laisser régner la plus grande concurrence dans leur dangereuse industrie. Pour peu qu'on les réduise à trop petit nombre (ce qu'ils demandent sans cesse), ils se ralentissent par la certitude de grandes affaires, qui leur font dédaigner les moindres; ils deviennent comme les médecins opulents, qui dédaignent de visiter les malades du sixième étage.

Nous avons examiné dans cet article trois fautes commises par l'administration : 1° Base vicieuse du prix de concession réglé sur le crédit éphémère du premier consul Bonaparte;

2° Coïncidence involontaire du gouvernement dans la provocation à l'agiotage;

3° Emploi du monopole dans une industrie où la concurrence est le plus nécessaire.

Sans étendre davantage ces tableaux des bévues administratives, que je pourrais pousser fort loin, l'on est amplement fondé à conclure que ce monopole est l'antipode de la politique, de la justice et de la raison. Si le gouvernement de l'usurpateur a tenu, par amour-propre, à soutenir son ouvrage, il n'est, pour le gouvernement légal, aucun motif de soutenir l'œuvre de ténèbres dont il n'est pas l'auteur, et qui redouble de ridicule par la faculté acquise aux financiers actuels d'exiger en plein le cautionnement que doit prétendre un gouvernement stable. Il faut répéter que cette duperie du fisc devient l'appui des contrevenants, qui ont pleine chance pour ridiculiser le monopole. Or, quand le ridicule s'attache à une loi, il donne une teinte de sagesse à la résistance des peuples, et, en pareil cas, le législateur doit rétrograder, comme le ferait un général engagé dans un piège.

D'ailleurs le bien, en administration, n'est jamais le fruit d'un coup d'essai. L'œuvre des légistes, comme celui des poètes, est sujet au précepte :

Vingt fois sur le métier remettez votre ouvrage.

Or, comment aurait-on atteint d'emblée à la perfection dans une œuvre de police subalterne comme le règlement du courtage, et pourquoi ses auteurs, les ministres de Bonaparte, auraient-ils été plus exempts d'erreur que les autres hommes ?

Il serait donc urgent de réviser et de rectifier cet informe règlement; mais j'aurai d'autres conclusions à donner à ce sujet, et il me reste à parler des réclamations maintes fois élevées contre ce privilège et de la contradiction de quelques chambres de commerce qui ont opiné sur cette question. N'oublions pas que si la restauration des finances civilisées, et tant d'autres bienfaits dépendent de la facile extirpation de l'agiotage, il importe, avant d'en indiquer le remède, de relater toutes les fautes commises à cet égard.

CHAPITRE II.

EXAMEN DES AMENDEMENTS PROPOSÉS.

C'eût été un acheminement décisif vers le perfectionnement social qu'un bon règlement sur les maîtrises, courtage ou autres. Une amélioration de ce genre se serait bien vite étendue à tout l'ensemble du mécanisme commercial complètement anarchique ; elle aurait enseigné au fisc à mieux asseoir l'impôt proportionnel et à mieux régler la police industrielle très-vicieuse dans les manufactures.

Le problème à résoudre était de concilier la liberté individuelle avec les restrictions nécessaires pour assurer l'impôt et la moralité conformément aux trois garanties indiquées.

L'organisation équitable des maîtrises ayant été l'écueil de la politique moderne, il est utile de constater les fautes commises en ce genre, et principalement sur le courtage, qui est la plus importante de toutes les maîtrises, aucune autre ne produisant à ses titulaires le bénéfice colossal de 100,000 francs de rente individuelle.

Je vais passer en revue les réformes proposées ; j'analyserai leur faiblesse pour en induire la nécessité d'un remède entièrement neuf. Ce que je dirai de la maîtrise, ou monopole de courtage, peut s'appliquer à toutes les autres maîtrises. Observons d'abord la faiblesse des amendements proposés sur un abus dont le redressement pouvait devenir une planche de salut pour la politique industrielle.

1° *L'augmentation limitée du nombre des privilégiés ou titulaires de maîtrise.* C'est une modification du vice et non pas un remède. Ce palliatif a été employé pour les villes d'Amiens et d'Avignon : toutes les autres seraient fondées à le solliciter; mais il en résulte de nombreux inconvénients.

Il laisse subsister en plein les diverses branches d'abus attachés au monopole : en augmentant le nombre des copartageants il ne détruit nullement le vice.

Il accuse d'impéritie la législation. Ces tâtonnements et amendements arbitraires attestent l'absence de système. Si, après avoir fixé le nombre des maîtres à 50, on l'élève à 60, 70, 80, c'est avouer que l'on n'avait pour règle de ce nombre aucune base fixe lors du premier essai et qu'on n'en a pas davantage lors du deuxième, et qu'on reviendra sans doute à une troisième, à une quatrième fixation de nombre. Il faut éviter ces procédés chancelants; il faut un système méthodique, variable, pour cadrer, coïncider avec des besoins évidemment variables. D'ailleurs ces maîtrises en nombre fixe offrent des dispositions évidemment ridicules : par exemple, on a créé à Toulouse dix courtiers de commerce comme à Lyon, quoique le commerce de Toulouse ne s'élève pas au tiers de celui de Lyon, qui est évidemment lésé et dépourvu par cette assimilation à celui de Toulouse.

Les places données dans ces cas d'augmentation fixe sont d'ordinaire la proie d'une cabale. On en a vu deux fois la preuve dans la ville de Lyon (1). Ainsi, la maîtrise en nombre fixe est un procédé empirique et à rejeter.

2° *La tolérance d'agents non titrés.* Ce fut l'avis de la chambre de Paris, qui s'autorisait de l'exemple d'Amsterdam, où l'on peut, comme ailleurs, commettre de graves erreurs.

Cette licence d'agents non titrés consacre trois abus :

La frustration du fisc;

(1) Lorsqu'ils ajoutèrent 10 agents aux cinquante premiers, ils nommaient pour le courtage de soie des gens qui n'avaient aucune connaissance de la soie et qui, d'accord avec leur compagnie, exercèrent la banque, dérogeant ouvertement à leur emploi, comme celui qui serait nommé procureur et qui exercerait comme notaire. Une autre fois, lors de la consulte cisalpine, on demanda à Bonaparte l'admission de 40 postulants, qui faillirent être admis, et qui tous étaient pour la banque; pas un pour la soie ni les denrées. C'en est assez pour prouver que les augmentations numériques de maîtrises tournent sans cesse au bénéfice d'une cabale.

L'intervention d'agents immoraux;
L'affluence d'agents parasites.

La loi doit, au contraire, exiger un cautionnement fixé à la somme la plus élevée, afin d'écarter les parasites et les fripons, sans exclure aucun agent probe et sans irriter l'opinion par des monopoles toujours favorables à l'intrigant. Un vice qui rend cette mesure intolérable est d'affranchir d'impôt une fonction industrielle. Cette franchise, déjà criante dans toute maîtrise, l'est plus encore dans les triviales fonctions de courtage, dont les postulants offrent l'impôt au lieu de le refuser. D'où l'on voit que ce deuxième correctif, tolérance d'agents non titrés, serait un mal ajouté à un autre mal, une collusion des vices de la licence avec ceux du monopole; c'est donc une mesure à rejeter en plein, tout en rendant hommage à l'indulgence qui en suggère l'idée à la chambre de Paris.

J'ai établi contre les privilégiés le grief d'exemption comparative de l'impôt, qui est neutralisé par les trois dîmes relatées plus haut; mais du moins la loi les grève ostensiblement, leur impôt est apparent quoique illusoire. Le gouvernement, frustré par eux, est censé ignorer sa duperie, et ne déroge pas aux garanties fiscales; il est en erreur et non en faute; mais, en adoptant la tolérance ouverte des agents non titulaires, il tombe dans les monstruosités politiques, entre autres d'affranchir légalement d'impôt ceux qui, par avarice, tentent de l'éluder en évitant cautionnement et patente.

En résumé : les quatre partis appelés à opiner sur cette question n'ont montré qu'apathie ou insuffisance, n'ont jamais proposé que des amendements inadmissibles. Quel faisceau de lumières ! et comment la Civilisation s'étonnerait-elle de manquer depuis 3,000 ans les voies du perfectionnement, quand elle est si stérile en solutions sur les problèmes qui peuvent y conduire, entre autres sur le correctif aux maîtrises limitées ?

CHAPITRE III.

CORRECTIF AUX MAITRISES LIMITÉES. — CONCURRENCE RÉDUCTIVE OU MAITRISE PROPORTIONNELLE, SOLIDAIRE ET ILLIMITÉE.

La Révolution, qui nous jeta en tous sens de Charybde en Scylla, débuta de même sur la question des maîtrises et jurandes. Elle nous conduisit d'un extrême à l'autre, de la maîtrise limitée à la licence anarchique. L'un et l'autre système avaient donné lieu à de stériles critiques, il est plus aisé de dénoncer le mal que d'en découvrir le remède. Le problème était de se garantir de ces deux excès et non pas d'opter sur l'alternative. Il fallait donc inventer un correctif qui évitât les vices de l'une et l'autre méthode.

La question, plusieurs fois reproduite, est restée sans solution. Pouvait-elle intéresser nos beaux esprits ? Il s'agissait de cordonniers et savetiers, buandières et revendeuses. Vraiment un académicien rougirait en traitant de pareils sujets. On en laisse le débrouillement à quelques agents de police. La science, tout occupée à plaider par l'agioteur en litière, ne daigne pas prendre en mains la cause des pauvres piétons, intercéder pour le redressement des injustices qui pèsent sur l'aspirant à la maîtrise, analyser et corriger les désordres qui règnent dans l'organisation des artisans et castes plébéiennes. Les orateurs politiques sont tout aux questions d'apparat, au budget, à la balance, au crédit public et autres sublimités qui peuvent se produire dans les salons de la haute finance; toujours altiers comme l'aigle devant les moucherons, ils manquent dans leur vol superbe les découvertes dont la nature a semé les germes dans les humbles détails de l'industrie domestique et manœuvrière.

Au sujet de ce dédain, je leur demanderai quelle branche du système social a dû exciter spécialement l'attention de Dieu ? Pourra-t-on dans le régime qu'il nous destine se passer des industrieux, subalternes aujourd'hui, des cordonniers, menuisiers et autres artisans ? Non, sans doute, leurs fonctions seront comme aujourd'hui le pivot du mécanisme domestique. Dieu n'a donc pas pu négliger de statuer sur leur organisation, et l'on peut arriver à découvrir sa théorie. Sur ce point, comme sur tout autre, il vous a ménagé des voies de salut. La principale était l'organisation de l'agriculture en système sociétaire et économique. J'en ai suffisamment traité; il faut passer aux autres branches, et notamment à celles réputées ignobles et triviales. Toute branche d'industrie utile n'est jamais abjecte aux yeux de Dieu. Il nous a ouvert dans chacune des voies de transition graduée vers l'Harmonie. Gardons-nous de rien dédaigner de ce qui tient au travail productif, car sur quelque point que nous eussions découvert le sentier de la justice distributive, ce premier succès nous eût conduit par analogie à l'organisation équitable de tout le système social.

Pour rendre hommage à la Sagesse divine, qui embrassa dans son plan d'ordre social tous les détails de ses relations, il convient d'examiner celles du dernier ordre et des artisans subalternes, et prouver que sur ces minuties comme sur les branches transcendantes, Dieu a pourvu à tout et assigne les voies de bien dans un système unitaire, qui est toujours l'association graduée libre et solidaire.

On a vu dans le traité des crimes du commerce que la maîtrise se divise en absorbante et résorbante. (Cette distinction est inutile à mentionner ici.) Le remède sera le même pour l'une et l'autre espèce, pour les procureurs et messagers, qu'il faut réduire au plus petit nombre possible, sauf les trois garanties relatées plus haut. Commençons par établir la nécessité du lien solidaire dans les corporations.

La loi accorde aux corporations toute faculté pour rançonner le public, et nul appui au public pour se garantir de leurs rapines collectives ou individuelles. Je continue à citer les courtiers pour exemple.

Combien de fois les journaux ont-ils annoncé que tel courtier avait disparu emportant 5 et 600 mille francs d'effets ! Sur de tels exploits les gazettes se gardent d'ajouter aucune critique, parce que, en Civilisation, on est honnête homme si l'on vole 600,000 francs d'un seul coup. Ces brigandages auraient-ils lieu si la solidarité existait? si le négociant volé pouvait se rembourser des 600,000 francs sur les cautionnements de la corporation? Dans ce cas, chacun des courtiers aviserait les négociants et capitalistes de ne pas confier aux courtiers une obole en effets au porteur. Est-il donc si pressant de les confier à l'agent avant qu'on ne sache quel placement il en aura trouvé? Ne peut-il pas, à Paris, suivre l'usage de Lyon, se borner à en prendre la note et venir aviser sur les emplois qu'il en trouve? Quand il ne s'agit pas d'agiotage, on n'est jamais si pressé de négocier les effets. Mais dans les jours de *bon temps*, où les denrées changent de prix à toutes les heures, il faut promptement se faire des fonds, si l'on veut opérer. Ces opérations de *bon temps* sont le vice à extirper, et l'une des premières mesures est la solidarité des corporations en commerce comme en courtage. Alors les syndicats, tout occupés aujourd'hui à concerter des moyens de spolier le public, s'occuperont des moyens de lui garantir ses propriétés contre leur propre compagnie.

Du moment où les corps commerciaux seront corporisés solidairement, chacun sera forcé de se restreindre aux fonctions spéciales, et l'on brisera par là un des grands ressorts de l'agiotage, la cumulation de fonctions. On ne verra plus un négociant en draps acheter subitement des blés et farines. Le syndicat de la draperie le forcerait au même instant à quitter le commerce de draperie. En vain vanterait-il l'excellence de la spéculation, en vain offrirait-il de prendre patente de farinier et de payer le cautionnement exigé pour l'admission aux marchés des grains, le corps des drapiers lui répondrait : « Nous ne connaissons point le commerce des grains ; nous ne voulons pas répondre d'un homme qui s'engage dans ce négoce, et nous saisissons votre magasin de draps si vous achetez un seul sac de farine. »

Tentera-t-il d'éluder en s'associant secrètement avec un marchand de grains? Il n'y a point de pareils secrets entre négociants. Ils sont plus habiles qu'aucun ministre de la police à découvrir les opérations cachées de chacun d'entre eux ; ils les découvrent même sans syndicat ; que serait-ce avec ce nouveau levier ? D'ailleurs la loi sur les nouvelles maîtrises astreindrait aux peines les plus sévères toute coopération d'association secrète hors d'un commerce patenté solidairement.

C'est dans les grandes villes que doit commencer le régime solidaire. On ne pourrait pas former les corporations de genre dans les petites villes, mais peu à peu lorsqu'on aura bien classé les genres à la grande ville, on établira les annexes composées, c'est-à-dire qu'un marchand de petite ville, obligé de tenir les draperies et les toileries, sera incorporé aux deux masses provinciales de draperies et toileries.

Présume-t-on que les marchands assujétis à ce nouveau régime s'en prévaudraient pour vendre plus cher ? D'autres mesures y pourvoiraient. Nous n'en sommes pas encore à cette thèse. Achevons sur chaque sujet sans élever des arguments qui tiennent à un autre chapitre, et remarquons provisoirement que les marchands deviendront bien souples et bien silencieux dès qu'ils s'apercevront que le gouvernement va enfin les subordonner et tenir le fil de toutes leurs opérations par la concurrence réductive. Aujourd'hui ils sont sûrs d'épouvanter le ministère avec quelques vociférations sur le bien du commerce, mais alors il s'agira du bien public et non pas de celui du commerce. Beaucoup de négociants seront rebutés en voyant naître ce nouvel ordre : tant mieux : leur nombre est triple du nécessaire, et cette réduction est le premier but à atteindre pour établir l'ordre. Si, d'un jour à l'autre, ils pouvaient être réduits au tiers, leur bénéfice individuel serait à l'instant triple par le triplement de débouché. Chacun d'eux deviendrait solide ou solvable par ce seul moyen, et le fisc pourrait percevoir en impôt tout le montant des frais épargnés par la retraite des deux tiers, frais dont les marchands et les consommateurs sont grevés. On pourrait percevoir en outre une triple patente, vu le surcroît de bénéfices que la retraite des deux tiers assureraient au tiers restant. L'agriculture recevrait tout à coup les capitaux et les travaux de cette masse de marchands retirés. Les fabriques auraient une confiance fondée au petit nombre restant, et dont les bénéfices seraient prodigieusement accrus. Ainsi, tous les ordres d'amélioration naîtraient l'un de l'autre par la seule réduction des deux tiers, et c'est le but auquel il faut progressivement arriver.

CHAPITRE IV.

FINAL SUR LES GAINS SCANDALEUX DU COURTAGE.

On doit payer aux tribunaux et aux magistrats un tribut de louanges pour la résistance qu'ils ont apportée aux persécutions des courtiers. Partout les juges et la police ont rivalisé d'indulgence pour sauver les victimes et retarder l'effet des listes de proscription dressées par les syndicats de courtage. Ces nouveaux turcarets n'ont pas même réussi par l'offre de gratifications secrètes pour les arrestations. La magistrature, qui n'aime point les réminiscences de 93, a résisté aux paillasses jacobites ou courtiers. Pendant plusieurs années l'on n'a pu obtenir des autorités qu'un simulacre de rigueur. Les agents de police ont toujours tendu une main secourable aux dénoncés, en leur disant : « J'ai ordre » de vous arrêter, tenez-vous sur vos gardes, je différerai autant que » possible. »

Comment les tribunaux et les autorités ne seraient-elles pas indignées, lorsqu'on les sollicite de prêter leur ministère à ces monopoleurs gorgés de rapines ? « Nous savons, disent les juges, pour prix de » vingt ans d'études sur la législation nous contenter d'un modique » traitement de 3 à 4,000 fr. avec lequel il nous faut pourvoir à l'en- » tretien d'une famille, tandis que des courtiers, dont tout le talent se » réduit à savoir :

» Cent francs au denier vingt, combien font-ils ? 5 livres.

» des courtiers ne peuvent pas vivre avec un revenu quadruple de ce » lui d'un juge, avec quinze ou vingt mille francs de rente dans Lyon ; » avec quarante ou cinquante mille francs de rente dans Paris ? Pour » accroître encore l'opulence de ces ignorants tripotiers, il faut que les » corps de judicature voués au soutien des libertés sociales devien- » nent les champions de l'arbitraire ! Il faut intervertir le cours des » lois qui conviennent à toutes les classes de citoyens ; il faut que les » tribunaux soient transformés en milices prévôtales, jugeant sur no- » toriété et servant la rapacité de valets qui souvent accusent leurs » chefs ! Peu nous importe, disent les juges, que ces tripotiers accu- » mulent d'immenses trésors, mais du moins qu'on nous épargne l'af- » front de servir leur cupidité par une dérogation au code. Qu'on laisse » l'or à Midas et l'honneur à Thémis. »

Tandis que la classe honorable des propriétaires s'agite sur tous les points pour atteindre à une médiocre place de 10,000 fr. dans la législlature, un courtier et sa Laïs, du haut de leur char, regardent en pitié cette élite de la nation, ces corps électoraux où l'on voit un millier de bonnes gens faire valoir des lumières ou des services publics pour être portés à quelque place amovible dont le revenu n'équivaut qu'à un mois de bénéfice des courtauts, et ces courtauts ne sont pas encore assouvis si l'état ne consent à rétablir pour eux l'inquisition et l'attirail du jacobinisme ! Lorsqu'on voit des courtauts solliciter le ministre de mettre à leur disposition une prison d'état, n'est-on pas fondé à dire que s'ils ne relèvent pas les échafauds, c'est qu'ils ne le peuvent pas? Quel résultat des sophismes commerciaux ! quel écrasement de cette politique moderne qui abat l'opinion aux pieds de l'agiotage. Fut-on jamais mieux fondé à se récrier sur les temps et sur les mœurs ! N'est-il pas déplorable que l'état assure aux fonctions triviales et mensongères des courtiers un revenu double de celui d'un maréchal, d'un archevêque ou de tout autre dignitaire supérieur !

Vainement objecterait-on que l'honneur attaché aux fonctions publiques balance les énormes bénéfices du courtage : il n'en est rien. Quel lustre peut rejaillir sur les fonctionnaires publics tant que les principaux d'entre eux, un préfet, un évêque, n'ont pas le revenu d'un courtier, tant que l'avare peut se dire : « Il vaut mieux faire de mon fils » un courtaut qu'un préfet ou un évêque? » Aujourd'hui que les prestiges nobiliaires et autres sont dissipés, nul objet ne s'offre à la révérence des peuples. Leur engouement porte de plus en plus sur les veaux d'or, et c'est un motif de ne pas prodiguer les trésors aux hommes les moins respectables comme les courtiers, de ne pas leur accorder la faculté de dérogation aux codes et de persécution pour l'accroissement de leur scandaleuse richesse, de ne pas compromettre la magistrature en la subordonnant à servir aveuglément la rapacité de ces publicains par qui elle est éclipsée en public et persiflée en secret. Ah ! comment le courtier qui trouve dans une crasse ignorance la chance d'une fortune subite et colossale manquerait-il à persifler toutes les fonctions honorables dont les titulaires végètent dans la médiocrité pour prix d'une vie consacrée à de pénibles études?

Comment n'a-t on pas redouté que d'autres classes, notamment les négociants, n'en vinssent à demander un monopole comme celui des courtiers, qu'on ne l'accordât par ignorance d'un meilleur système? Ensuite le monopole se serait étendu du commerce aux fabriques. Il aurait féodalisé en peu de temps toute l'industrie et généralisé dans le corps social l'odieuse politique des courtiers. Voilà dans quel abîme peut conduire une erreur politique. Ah ! quels législateurs pourraient éviter les erreurs, s'ils prêtent l'oreille à de voraces tripotiers qui ne rêvent qu'arbitraire et persécution !

D'après ces considérations, j'estime qu'on aurait dû, par respect pour la morale publique, aviser aux moyens de restreindre les bénéfices scandaleux du courtage, et pour y parvenir il était un moyen aussi simple que politique : c'était de doubler le nombre des courtiers, afin de diminuer d'autant la proie à partager entre eux. Une telle mesure aurait réduit le revenu d'un courtier de Paris au niveau de celui du maréchal de France, et le revenu d'un courtier de Bordeaux ou de Marseille au niveau de celui d'un archevêque. Ah ! ne serait-ce pas encore trop de 40,000 fr. de rente dans Paris et de 20,000 fr. dans Marseille pour payer cette méprisable industrie !

Vous qu'on citait jadis pour amis de la morale, philosophes qui voyez dans le monopole des courtiers poindre tous les germes de dépravation, comment expliquer votre inconcevable silence ? Êtes-vous tous en masse devenus sourds aux vieilles maximes d'honneur qui régnaient dans des siècles moins mercantiles ? Vous n'êtes plus les héritiers des Socrate, des Platon, vous n'êtes que des sentinelles endormies qui laissent éteindre le feu sacré. Vos devanciers aimaient du moins à rêver le bien en l'absence du bien ; ils avaient le mérite de bien dire, sinon de bien faire. Les anciens philosophes, en exprimant une franche indignation contre les vices dominants avaient le bon esprit de sauver l'honneur et d'isoler la science des travers du siècle. Mais vous, philosophes modernes, vous voyez de sang-froid vos contemporains encenser tout ce que le mensonge produit de plus ignoble, vous flagornez des courtiers, des colporteurs de mensonge, des limiers d'agiotage, encore plus méprisables que l'agioteur dont ils sont les âmes damnées. Après cet acte de bassesse, dites, philosophes modernes, si vous n'êtes pas les apostats de cette antique sagesse qui, par un simulacre de zèle pour la vérité, sut jeter quelques fleurs sur les premiers égarements de la Civilisation ?

CONCLUSIONS POUR LES SECTIONS DES BOURSES ET COURTIERS.

J'ai démasqué le commerce dans une branche de ses fourberies. Je n'ai décrit qu'un des 32 crimes, l'Agiotage, encore bien incomplètement. C'est assez pour prouver que les modernes sont joués par les théories des économistes. Les gouvernements plient sous le faix des emprunts et des déficits ; ils sont comme Tantale, mourant de soif au milieu des eaux, pauvres au sein des sources de richesse. La cause de leur dénuement est que le commerce mensonger, ses actes de monopole, d'agiotage, etc., absorbent tout le revenu de l'intermédiaire. fonds assigné en politique naturelle pour servir de subvention aux charges publiques.

Le remède, je l'ai dit, est la métamorphose du commerce mensonger en commerce véridique ou régie contrebalancée. L'orgueil et l'habitude répugneront d'abord à franchir le pas. Les nations, une fois infatuées de quelque chimère désastreuse, deviennent sourdes aux remontrances comme un jouvenceau, engoué d'un fol amour qui le ruine, s'obstine à sacrifier sa fortune. Tels sont les modernes pour leur nouveau Dieu. Après tant de siècles d'aberration dans la recherche du bonheur, ils ont cru trouver enfin dans l'esprit mercantile une planche de salut. Les rois comme les peuples ont fléchi devant ce minotaure. Maintenant, pour les désabuser, c'est peu des armes du raisonnement. Il reste encore la passion à combattre, les préventions de perfectibilité, l'amour-propre, qui répugne à désavouer une chimère en plein crédit, à briser une idole que tout le monde a encensée.

J'ai fait valoir les règles de la politique naturelle ou équilibre des quatre fonctions cardinales, qui exigent que la quatrième fonction, la circulation, soit astreinte comme les trois autres aux convenances générales, et d'abord à la vérité, dont le système actuel s'éloigne de plus en plus, ainsi qu'on en peut juger soit par la fausseté croissante des marchands, dont le consommateur est à chaque instant victime, soit par le tableau des 32 crimes du commerce et l'analyse détaillée de l'un des 32, l'Agiotage.

A l'appui du principe d'équilibre cardinal, j'ai fait valoir la pénurie fiscale ou déficit universel, véritable lèpre qui a gangrené tous les gouvernements modernes, vrai volcan à révolutions, qu'il faut éteindre subitement par l'invention de quelque ressource neuve. L'antidote est découvert, et serait-il permis d'hésiter sur l'épreuve quand ce remède offre le double avantage de substituer à la fausseté universelle des relations un ordre de vérité pratique et garantie, et de doubler le revenu des princes, tout en ajoutant à celui des peuples un nouveau produit équivalant à une suppression d'impôt !

Quel obstacle peut retarder cette heureuse innovation? Il n'en es qu'un : l'amour-propre du siècle qui a encensé l'idole mercantile et les dogmes d'économisme, protecteurs du mensonge pratique et des 32 crimes du commerce, inséparables du système de libre concurrence. Les économistes même n'ont-ils pas répugné en secret à cette vénale adulation ? S'ils veulent être sincères, ils avoueront qu'ils n'ont fléchi devant le veau d'or qu'en rongeant leur frein ; qu'ils ont toujours conservé pour les marchands le mépris que l'antiquité, plus loyale, exprima sans réserve.

Je veux admettre que les Économistes aient donné une preuve de dévouement en surmontant le mépris naturel qu'inspire le commerce et en cherchant dans ce cloaque de fausseté des voies d'amélioration sociale. Accordons, s'il le faut, que dans leurs erreurs mêmes ils puissent prétendre à l'honneur d'un médecin qui s'expose au milieu des pestiférés pour étudier le mal et tenter des voies de guérison. Sans doute les économistes peuvent présenter sous ce point de vue le parti qu'ils ont pris de faire trêve aux antiques railleries sur le commerce, de surmonter le dégoût, et de tenter, par quelques opérations sur cet hydre de mensonge, des voies de bonheur social, si vainement cherchées dans les autres branches des sciences.

En adhérant sur ce point aux prétentions des Économistes, il demeure évident qu'ils ont pleinement échoué; que les vices mercantiles n'ont fait qu'empirer, Monopole, Déficit, Agiotage, Banqueroute, Fourberie, etc. Peut-on nier le progrès alarmant de tous ces ulcères? Or, du moment où le remède est découvert, la science, qui avait jusqu'alors échoué dans ses efforts, en perdrait tout le mérite, si elle traversait l'épreuve d'une innovation qui en détruisant le commerce mensonger, sert à la fois le souverain, le producteur, la vérité et l'honneur, l'honneur surtout, dont les modernes ont brisé les autels, du moment où savants, princes et peuples ont fléchi devant les Midas commerciaux.

Gouvernants et savants modernes, je vous le répète : le commerce ne vous paraît grand que parce que vous êtes à genoux devant lui; levez-vous, vos peuples sont aussi las que vous du monopole de fourberie et d'agiotage, et, dès que l'attaque du système mensonger sera résolue, tout rivalisera d'ardeur pour abattre cet arbre immonde.

Il ne reste qu'à opiner sur la marche. Veut-on procéder avec lenteur ou précipitation? La méthode est la même dans l'un et l'autre cas; sauf le ralentissement et le suspens de quelques mesures, on ne tendra toujours qu'à soumettre le commerce à l'emploi de la vérité, dont le régime peut s'établir avec plus ou moins de promptitude.

ESPRIT DE LA BOURSE,

ENTRETIEN D'AGIOTEURS AU SORTIR DE LA BOURSE.

INTERLOCUTEURS.

RAFFLE, CRAQUET, } Courtiers.
GRIPPON, GRUGEON, } Capitalistes.
DOUBLEMAIN, prête-nom.

GRIPPON. — Voilà M. Grugeon qui vient de faire quelques bonnes affaires à la Bourse. Il aura bien gagné un sac ou deux.

GRUGEON. — Il faut bien gagner quelque chose, on ne travaille pas pour la gloire.

GRIP. — Bah ! la gloire ! c'est de la ripopée. Vive le commerce ! Vous venez d'en plumer quelques-uns, je parie !

GRUG. — Pas grand'chose. J'ai attrapé un millier de francs en m'amusant.

GRIP. — Diable ! un millier de francs ! Eh ! comment avez-vous gratté çà ?

GRUG. — Que sais-je ? c'est un courtier qui m'a fait faire un achat de farines. Je ne songeais pas plus à farine qu'à farinette. Je ne connais pas cet article, mais il m'a fait acheter et revendre de suite.

GRIP. — Ah ! ah ! un ricochet ! c'est excellent quand on en trouve. C'est un argent sûr.

GRUG. — Oui, il a arrangé tout cela sans que je m'en mêle. On règlera ce soir. Je n'ai que la peine de palper un sac de mille francs. Çà met en appétit avant dîner.

GRIP. — Peste ! je voudrais bien connaître les courtiers qui vous font gagner un sac de mille francs.

GRUG. — C'est Raffle qui a manigancé çà. Excellent courtier ! habile garçon !

GRIP. — Oh ! je connais bien M. Raffle. C'est un garçon de mérite. Son associé Craquet m'a fait acheter des farines il y a trois mois. J'en ai là 400 sacs. J'attends qu'elles soient à un bon prix. Comment avez-vous fait les vôtres ?

GRUG. — Je vous ai dit. Çà s'est fait par-dessous main. Je crois qu'on a traité à 110. Je ne me suis pas mêlé de çà.

GRIP. — 110 fr. ! ce n'est pas encore un bon prix. J'ai payé les miennes 70. Il faudrait bien que ça vînt à 140 pour y gagner quelque chose. J'ai mis 30,000 francs à cet achat, si j'en trouve 60,000 francs comptant, je les donnerai. Craquet m'a promis que l'article serait au feu le mois prochain ; que le pain monterait à 15 sous, qu'il y a d'habiles gens à Paris qui tiennent les farines, qui ont de quoi les nourrir. En attendant, j'aimerais bien faire comme vous, gagner un sac par ci par là.

GRUG. — Vous ne venez pas à la Bourse, on ne vous y a pas vu hier ni aujourd'hui. Cependant il s'y remue des affaires, il y a du tapage, pourquoi n'y venez-vous pas ?

GRIP. — C'est que je suis à sec. J'ai trouvé hier à placer à un honnête intérêt, bon nantissement ; mais j'attends des rentrées pour la semaine prochaine.

GRUG. — Voilà ce qu'il faut, du comptant, pour s'entendre avec de bons courtiers qui sont dans le secret. Il y a toujours quelque chose à gratter. Aujourd'hui les blés, les riz, demain les sucres.

GRIP. — J'ai bien 2 ou 3 cent mille francs qui vont me rentrer. Mon notaire veut me faire acheter un gros domaine. Il prétend que c'est une affaire d'or.

GRUG. — Bah ! y songez-vous ? des domaines ! Pour se mettre en évidence, pour payer des impôts, quand on peut gagner secrètement sans que le gouvernement y mette le nez ! Voyez Dorante de Paris, au lieu de s'embarasser de domaines, il a acheté pour dix millions de farines; il aura peut-être cinq millions de bénéfices. Il serait *frais*, s'il avait des domaines sur les bras !

GRIP. — Oui, vraiment ! il faut prendre garde aux financiers, aux impôts.

GRUG. — Si vous vouliez mettre quelques cent mille francs comptant et moi autant, nous pourrions brasser sur les denrées et gagner quelque argent sans bruit. Il n'y a que cela de bon. Le gouvernement a beau faire, il ne peut pas atteindre les portefeuilles, les spéculateurs qui font des affaires brisées.

GRIP. — C'est bien dit. J'ai envie de renoncer à cet achat de domaines. Il faut nous arranger pour nous tenir à l'affut des coups de filet avec une bonne somme, suivre la Bourse et plumer la poule ; mais je vois sortir Raffle et Craquet. Il faut que je parle à Craquet pour mes farines.

GRUG. — Eh ! bien, songez à cette affaire. Si nous y mettions chacun cent mille écus, nous mènerions bien la barque. Ça vaudra mieux que des domaines. Adieu, on m'attend.

GRIP. — Demain nous parlerons de ça.

(Il reste seul, attendant que les deux courtiers cessent leur colloque.)

(Raffle et Craquet à part.)

RAFFLE. — Je te dis que je le tiens de Géronte, qui est bien informé. Il vient de m'assurer en secret que le ministre veut exiger une déclaration des grains et des farines. J'ai peur d'une débâcle. Arrangeons nous pour en profiter. Géronte vient de se défaire de ce qui lui restait. J'en ai fait un ricochet à ce coquin de Grugeon, qui a gagné mille francs. Si j'avais trouvé là notre prête-nom Doublemain, j'aurais bien pris pour nous les bénéfices.

CRAQUET. — On a déjà parlé de cette déclaration, mais ce sera quelque ruse de commis du ministre pour avoir part au gâteau. Bah ! les croupiers de Paris pourront jeter un os aux criards.

RAF. — Nous pourrions faire courir le bruit, manigancer une petite baisse Il faut voir quelques trembleurs, faire mousser la nouvelle, mettre la puce à l'oreille. Nous achèterons ce soir des peureux, puis nous démentirons le bruit demain.

CRAQ — Tu as raison. Quand nous n'achèterions que mille sacs au rabais, Bonace les prendra au cours : il a une commission privée. Mais voilà Grippon qui a l'air de vouloir nous parler. Ce vieux penard a une partie de farines qui ne bougent pas de place depuis trois mois. Elles auraient dû filer déjà vingt fois, nous aurions gagné là dessus des courtages.

RAF. — Il faut lui monter un coup pour le forcer à vendre.

CRAQ. — Faisons-lui peur de ta nouvelle; tu n'as qu'à bien clabauder contre le gouvernement. Puis tu me laisseras seul avec lui. Je le travaillerai. Nous aurons la partie à bas prix. Nous la prendrons au nom de Doublemain. Nous pouvons gagner là dessus quelques mille francs, sans qu'il y paraisse. Chut ! le voici.

GRIP. — Voilà ces messieurs qui ont fini leur Bourse. Ils auront remué quelques belles parties. On dit que les affaires ont roulé ces jours-ci.

RAF. — Eh ! qu'est-ce que nous faisons? Rien du tout. Les affaires ne peuvent pas aller avec un gouvernement qui ne protège pas le commerce.

GRIP. — Sans doute : il faudrait protéger les spéculateurs. Eh ! bien, M. Craquet, ces farines. Vous m'aviez promis qu'elles seraient ce mois-ci à cinquante écus et que les amis de Paris feraient monter le pain à 15 sous. Ce serait bien utile pour le commerce, nous gagnerions quelque chose sur nos farines.

CRAQ. — Vous auriez déjà dû les vendre dix fois. Il y avait un joli bénéfice. Je vous l'ai assez dit.

GRIP. — Mais je suis prêt à vendre. Elles me coûtent 70 ; dès que j'en trouverai 140, je les donne au premier ami qui paiera comptant. Je ne cherche pas à gagner gros, pourvu que je double mon argent.

RAF. — Vous êtes comme tout bonhomme. Quand vous gagnez cent pour cent vous prenez patience ; mais il faut rabattre sur vos farines. Il paraît que vous ne savez pas tout.

GRIP. — Qu'est-ce que c'est? Y a-t-il quelque chose ?

CRAQ. — Il y a bien quelque chose sur le tapis. Ça va mal, mais il ne faut pas dire cela à tout le monde, çà ne se saura que trop.

GRIP. — Qu'est-ce que c'est? qu'est-ce que c'est ?

CRAQ. — C'est, que le ministre va demander une déclaration de grains. N'allez pas le dire, au moins ! vous feriez baisser l'article dès ce soir. C'est une nouvelle qu'on ne saura que demain matin. Elle est venue par courrier extraordinaire. Hein ! si vous m'aviez cru quand je vous tourmentais pour faire à 110 !

GRIP. — Eh ! M. Craquet ! qu'est-ce que vous dites là ? Il faut donc que je me décide à vendre mes farines?

RAF. — Eh ! il est bien temps. On les aurait peut-être placées à la Bourse, mais il n'y a plus rien à faire avant demain matin, puis demain la nouvelle sera connue et l'article sera au diable.

GRIP. — Eh ! M. Raffle, vous croyez donc quea ç va baisser.

RAF. — Que voulez-vous faire ? Un gouvernement qui ne protège pas le commerce, qui assassine les spéculateurs ! De quoi s'avise-t-il de demander des déclarations ? On lui a dit cent fois qu'il ne devait pas se mêler du commerce.

CRAQ. — Il y a dans ce Paris des coquins de savants qui rabâchent tous les jours sur le commerce. Ils donnent au gouvernement l'idée de se mêler de nos opérations. Si cela continue, il finira par en savoir autant que nous

RAF. — On devrait faire pendre tous les savants.

GRIP. — Ma foi oui ! Des gens qui viennent gêner le commerce ! les spéculateurs ! Nous avons besoin de gagner de l'argent. Diable soit des savants.

RAF. — Une affaire qui était si bien menée ; nous aurions fait monter les farines à 150 avant la fin du mois ; mais quand le gouvernement n'aime pas le commerce, comment voulez-vous avoir un commerce qui devienne un commerce des amis du commerce, pour le bien du commerce !

(Il s'en va furibond et riant sous cape.)

GRIP. — Ah ! le brave homme que M. Raffle ! comme il dit de bonnes choses pour le bien du commerce ! Voilà les hommes que le gouvernement devrait consulter, les courtiers. Ils auraient déjà fait monter le pain à 15 sous.

Eh! que faut-il devenir avec un gouvernement qui nous assassine! Mais M. Craquet, est-elle bien sûre cette nouvelle?

CRAQ. — Je vous le dis, foi de Craquet. Nous savons ça de Géronte, qui est lié avec des moustaches de Paris; mais n'en parlez pas. Je vous en avertis parce que vous êtes des amis.

GRIP. — Eh! grand Dieu, mes farines! il faut donc vendre. Si j'avais su j'aurais donné à 110. Oh! vous en trouverez bien 110, cherchez vite avant qu'on ne sache la nouvelle.

CRAQ. — Que voulez-vous chercher? il ne se fera plus rien ce soir. Je verrai. Si je trouvais preneur à 110, je vous conseillerais de lâcher.

GRIP. — Jarni! je perdrais trop gros!

CRAQ. — Comment! vous perdrez! Elles vous ont coûté 70 il y a 3 mois. En revendant à 110, vous avez encore sur les 400 sacs 12,000 francs de profit. C'est bien joli en 3 mois.

GRIP. — Bah! 12,000 francs! ce n'est pas gagner, et puis les courtages à déduire! Je n'aurai pas 11,000 francs net. Une affaire où je devais gagner 30,000 francs, n'avoir que 10,000. C'est 20,000 de perdus. Que le commerce est à plaindre avec un gouvernement qui n'aime pas le commerce?

CRAQ. — Enfin, décidons quelque chose. Aimez-vous mieux attendre à demain que la nouvelle soit connue?

GRIP. — Non parbleu! vendez ce soir. Mais vous m'en aurez bien 110. C'est fleur de marché à 110. Ce n'est pas vendu, c'est donné, elles me coûtent 70; si je lâche a 110, il y a 40 francs par sac, c'est 16,000 francs, et puis les frais à déduire, il reste 15,000 francs, ça fait tout juste moitié de 30 000 francs que je comptais avoir là dessus. Oui je les donnerai à 110. Je n'y perdrai que 15 000 francs. Voyons, avez-vous quelqu'un en vue.

CRAQ. — J'en vais parler à Doublemain, qui a eu des commissions à 100. Mais il expédie à 100 et ne passerait pas au-dessus.

GRIP. — Je ne connais pas ce Doublemain.

CRAQ. — Bien bon! maison respectable! habile garçon! D'ailleurs c'est du comptant.

GRIP — A la bonne heure. D'ailleurs je ne vends pas à terme. Tenez-les toujours à 110. S'il fallait relâcher quelque chose, on verrait. Soignez-moi en ami, car j'y perds gros.

CRAQ. — Soyez tranquille. Quand je traite, c'est tout d'amitié, ce n'est pas pour gagner.

GRAQ. — Eh! bien, si nous terminons cette affaire, il faudra que vous me *quittiez* le courtage.

CRAQ. — Laissez donc, papa, c'est pour rire.

GRIP. — Non, ma foi. C'est une affaire qui me ruine. S'il fallait encore payer deux courtages d'achat et de vente, vous sentez bien, il faut que je gratte quelque chose.

CRAQ. — Ouais! gratter sur un courtier! Ce serait le monde renversé.

GRIP. — Faites-vous payer un double courtage par ce Doublemain. Il doit gagner là dessus. Je lui donne une jolie partie, marché d'amis, un choix distingué. Dites-lui que j'y perds gros, que je lui vends cela pour l'obliger, qu'il doit se charger des deux courtages en conscience.

CRAQ. — Ah ! oui, joli mignon pour payer des deux mains ! à la bonne heure pour prendre ! Là, ne perdons pas de temps; je vous verrai après dîner pour en finir ; mais ne parlez pas de la nouvelle Si elle se répand ce soir, les farines sont flambées et vous les aurez sur les bras. Serviteur.

(A quelques pas de là Craquet rencontre Doublemain.)

CRAQ., *à Doublemain.* — Gentil garçon ! tu arrives à la Bourse quand elle est finie. Nous t'avons cherché pour un ricochet. Tu nous fais manquer de l'argent et à toi aussi, trainard !

DOUBLEMAIN. — Bah ! j'ai eu une affaire terrible avec ces étrangers pour ces cochenilles fausses. Ils étaient furieux. Ils ont dit que c'était presque de la fausse monnaie, qu'on en pendait qui n'étaient pas aussi voleurs que moi.

CRAQ. — Laisse-les bavarder, pourvu qu'ils paient. Est-ce fini ? soldé ?

DOUBL. — Oui, avec le rabais. Il a fallu accorder 1000 au lieu de 600. Ils voulaient résilier.

CRAQ. — Ah ! coquin ! C'est que tu veux nous souffler 400, filou que tu es !

DOUBL. — Non, ma foi ! Mais il me faut double provision, car des affaires comme ça, c'est détestable. Il faut essuyer des compliments de pendard. Ah ! il me faut double provision.

CRAQ. — Hein ! je te vois venir. Tu veux que je ne dise rien des 400 que tu nous voles.

DOUBL. — Je ne badine pas. Tu me doubleras ma provision.

CRAQ. — Allons ! tu fais la bête. Je vois bien que tu n'as pas envie de gagner de l'argent.

DOUBL. — Tiens ! je ne veux pas gagner de l'argent ! Voyons donc, as-tu quelque chose à faire ?

CRAQ. — Une jolie passade. Il y aura à gratter ; mais je veux que tu nous rendes moitié des 400 que tu voles sur les cochenilles.

DOUBL. — Va toujours, on s'arrangera assez. De quoi s'agit-il?

CRAQ. — Voici. Je te vends 400 sacs de farines de Grippon à 100 francs. Tu les revends à Bonace le commissionnaire à 110. Grippon n'a pas encore cédé à 100, mais je le ferai vendre. C'est une affaire sûre. Nous l'enverrons relancer par Israël, qui lui proposera des farines au-dessous du cours en demandant une offre. Grippon aura une peur du diable de la baisse. J'arriverai là dessus, il finira comme je voudrai. Entrons chez le concierge, et nous ferons les cartes d'avance.

DOUBL. — Hein ! 400 sacs à 10 fr. de bénéfice, c'est 4000 fr. à empocher. Çà ! j'aurai bien mon tiers sur 4,000, ça fait treize....

CRAQ.— Qu'est-ce que tu marmottes de treize? Crois-tu partager avec nous deux? c'est bien assez avec un. La moitié de 4,000 est 2,000.

DOUBL. — Eh ! bien, c'est mille francs qui me reviennent, ce n'est guère.

CRAQ. Hut ! mille francs, et nos courtages donc ? N'y a t-il pas vente de Grippon à Doublemain et de Doublemain à Boniface ?

400 sacs à 100, 40,000. 400 sacs à 110, 44,000.

c'est 84,000 francs. Tu nous dois 440 a déduire de 1,000, il te revient 540.

DOUBL. — Voyez ce chien d'Arabe ? Quel conte borgne avec ses courtages doubles !

CRAQ. — C'est la loi qui le veut, c'est sacré. C'est un décret de l'Empereur.

DOUBL. — Eh ! je m'en bats l'œil de ta loi et de ton Empereur. Il faut bien qu'ils ne sachent que faire, s'ils s'occupent d'enrichir les courtiers qui lui flanquent la famine aux trousses. Ne badinons pas, il me revient 1,000 fr. Donne-moi au moins 800, tu gagneras assez.

CRAQ. — Le maraud n'est jamais content. Veux-tu que j'aille chercher Israël ? il sera vite d'accord.

DOUBL. — Non, non, fais les c[illegible]tes. Aimons-nous, mais tu seras raisonnable.

CRAQ. — Tiens, je suis bon garçon, tu auras le compte rond, 600 fr. Ah ! coquin, tu attrapes là 25 louis au vol. Tu ne croyais pas manger ce morceau avant dîner.

DOUBL. — Bah ! tu me devais bien 800 là dessus.

CRAQ. — Oui, pour la peine que tu as.

DOUBL. — Tâche au moins de me faire gagner quelque autre chose ; car je n'ai rien sur cette affaire-ci. N'y aura-t-il pas d'autre oiseau à plumer sur ces farines ?

CRAQ. — Il m'en faut encore 600 sacs. Boniface m'a donné une commission de 1,000 sacs à 110. Il expédiera à 115, mais il faudrait trouver un autre nigaud qui nous lâchât 600 sacs à la baisse. Nous mitonnerons ça après dîner, nous avons fait arriver une fausse nouvelle ; il faudra manœuvrer lestement, parce qu'elle ne peut durer que jusqu'à demain matin.

DOUBL. — Bon ! puis-je servir à quelque chose.

CRAQ. — Je te parlerai après dîner, il faut que je voie Raffle, qui est allé sonder le terrain. Songe que je ne te donne pas les 400 que tu me voles. Je t'en laisse 200, c'est déjà trop.

DOUBL. — Bourreau, tu ne veux donc pas que je vive !

CRAQ. — Eh ! nous te faisons pont d'or, tu vas devenir une maison respectable avant six mois.

DOUBL. — Respectable, moi !

CRAQ. — Oui, c'est le nom des marchands qui ont fait les cent coups. Tu ne sais donc pas ça, toi !

DOUBL. — Comment veux-tu que j'aie appris ça, chez mon procureur ? On ne nous respectait guère, nous autres clercs, pas plus que nos maîtres.

CRAQ. — Ah ! ce n'est pas comme ça dans le commerce. Tu verras, c'est un bel état. Nos croupiers de Paris s'entendent avec les savants pour dire que nous sommes respectables et tout le monde le croit.

DOUBL. — Ouais ! nous sommes donc des honnêtes gens nous deux ! Raffle aussi et Grippon, et tout ce monde là qui va à la Bourse. c'est des honnêtes gens !

CRAQ. — Que veux-tu ? les savants le disent, les gazettes aussi. Tout le monde le dit. J'aime autant croire que je suis un honnête homme.

DOUBL. — Ah ! la belle chose que le commerce ! Tiens, j'ai bien fait de lâcher mes procureurs. Au moins il y a de l'argent à gagner avec vous autres, et puis en se faisant passer pour un honnête homme! Les procureurs, sont bien bêtes, ils ne savent pas se faire estimer comme vous autres.

CRAQ. — Les procureurs, c'est des nigauds. Les savants se moquent d'eux, ils ne se moquent pas de nous qui valons bien mieux. Maintenant que tu es lancé dans le commerce, rappelle-toi bien de faire l'honnête homme. Quand je te propose dans une affaire, je dis toujours : Doublemain, maison respectable ! Vas, vas, si nous te poussons, tu seras un saint homme dans six mois.

DOUBL. — Tout ce qu'on voudra, pourvu que je gagne de l'argent : je serai respectable s'ils veulent ; mais si on vient à savoir....

CRAQ. — Ah ! l'imbécille ! si l'on vient à savoir ! Qu'est-ce que cela fait dans le commerce ? tu feras comme cet autre de Paris qui a gagné 20 millions. Tu diras que tu as fait des spéculations pour le bien de ta patrie. On dit de si belles choses à Paris ! Quand on tient l'argent, ça passe. Je m'en vais dîner là dessus. A ce soir.

Entre temps, maître Grippon est sur les épines. Les deux courtiers qui l'ont endoctriné auront le soir ses farines à 100 fr. sous le nom de Doublemain, leur âme damnée. Ils les revendront 110 francs à l'instant même, et quand Grippon l'apprendrait au bout de quelques jours, croit-on qu'il s'en fâcherait ? Non, il leur dirait familièrement : « Ah ! les coquins ! ils m'ont pris une plume de l'aile. » Eux rejetteraient tout sur Doublemain. D'ailleurs on n'admire dans le commerce que celui qui sait le mieux griveler, et qui mérite le surnom d'habile garçon, à peu près synonyme d'habile fripon. Eh ! comment avec de la probité un homme, débutant presque sans fortune, gagnerait-il en 8 ans *trente millions à des spéculations pour le bien de sa patrie?* Et voilà les hommes desquels la science dit : « Laissez faire, laissez passer le commerce, il sait bien ce qui convient aux siens. » Certes il ne le sait que trop ; mais n'est-il pas temps que l'État sache ce qui convient aux siens?

J'ai décrit cette scène de Bourse, non pour signaler des intrigues assez connues de tout le monde, mais pour faire sentir le ridicule de la législation qui encourage les menées des gens intéressés à créer le désordre, à provoquer l'agiotage. La législation eut fait bien plus sagement si elle eût avisé aux moyens de se passer des Courtiers et des Bourses de commerce qu'elle a si mal à propos multipliés.

DE LA MÉTHODE MIXTE

EN ÉTUDE DE L'ATTRACTION.

CHAPITRE PREMIER.

PROLÉGOMÈNES SUR LA MÉTHODE MIXTE, OU JUGEMENT CONDITIONNEL EN ATTRACTION. — APPLICATION A LA RELIGION.

L'état révolutionnaire qui a si long-temps affligé le monde policé a dû rendre les autorités défiantes et promptes à suspecter sans examen. Plusieurs pourraient croire que la Théorie de l'Attraction a quelque rapport avec ces chimères funestes qu'avait accréditées la philosophie, et sur ce vague soupçon la nouvelle science risquerait d'être contrariée dans son apparition, surtout dans les pays d'inquisition comme l'Espagne. Heureusement il existe un moyen de la concilier avec tous les dogmes qui régissent la Civilisation. Ce moyen est la méthode mixte dont je vais parler.

Jusqu'ici j'ai présenté la théorie de l'Attraction comme incompatible avec la superstition et la philosophie. Maintenant si je la mets en rapport avec ces deux sciences, on m'accusera d'agir en caméléon, de souffler le chaud et le froid. Je suis loin de ce rôle, mais d'autres pourront le prendre et s'en faire un titre en plagiat. C'est pourquoi je dois faire connaître cette méthode mixte, que je ne veux point adopter, quoique je la reconnaisse plus insinuante que la mienne.

Préludons par un exemple. Quand il sera prouvé que l'humanité entière va jouir d'une extrême opulence, que l'homme le plus pauvre, l'indigent actuel, aura place à des tables servies somptueusement, et qu'il faudra s'évertuer à consommer beaucoup par les raffinements gastronomiques, à défaut de quoi l'on serait obligé de jeter une grande masse de produits aux égouts et outrager la Providence par une telle déperdition de ses présents, comment pourra-t-on faire concorder un tel ordre de choses avec la Philosophie et la Religion actuelles qui prêchent la sobriété, la modération et rangent la gourmandise parmi les vices ? On les conciliera en sens relatif et temporaire. La Philosophie et la Religion pourront dire : « Tant que nous avons ignoré le mécanisme social qui élève les peuples à l'extrême opulence, il a été indispensable de les façonner à une sobriété d'autant plus nécessaire que souvent ils manquaient de pain. Ce dogme était donc le plus sage possible pour la Civilisation, et nous avons dû en faire une base de système religieux et moral. Aujourd'hui que la théorie d'Attraction passionnelle est découverte, éprouvée, et qu'elle va établir l'abondance, nous nous y rallions volontiers ; mais tout en abandonnant le dogme de sobriété, nous prétendons qu'il a été judicieux jusqu'ici, en sens *relatif et temporaire*, c'est-à-dire jusqu'à la révélation du mécanisme social qui peut établir l'abondance permanente et utiliser la gourmandise. »

Toutes les doctrines, sous ce rapport d'*application temporaire*, toutes les doctrines religieuses et philosophiques deviennent compatibles avec l'Attraction. Malgré leur apparente contrariété, elles sont également sages les unes et les autres, de même qu'un médecin n'est pas en contradiction avec lui-même lorsqu'il ordonne de se bien fourrer en janvier et de se vêtir légèrement en juillet ; il opine temporairement pour l'un et l'autre cas. C'est une contradiction relative à des situations différentes et judicieuse en deux sens opposés.

L'Attraction peut de même s'accorder avec tous les dogmes civilisés, sauf la distinction du régime temporaire et limité à la durée de la Civilisation. Envisagée sous ce point de vue, la nouvelle science ne pourra offusquer aucun parti, malgré sa contrariété avec les opinions reçues. Il en sera comme de la découverte de l'Amérique ; elle heurtait tous les partis ; Religion, Philosophie, tout s'était réuni pour excommunier et baffouer Christophe Colomb avant son succès, mais au retour de la découverte il fut prôné par ceux mêmes qui l'avaient persécuté. La cour de Rome, lorsqu'elle vit arriver les sauvages d'Haïti et les blocs d'or, cessa de faire valoir l'autorité du Saint-Esprit et des saints pères qui condamnaient l'opinion d'un nouveau continent. Cette cour pouvait alors justifier en sens mixte sa conduite antérieure et dire : « Il m'a convenu, pour comprimer les novateurs intrigants ou pour tel autre motif, de réprouver l'hypothèse d'un nouveau continent jusqu'à ce qu'elle fût démontrée par le fait : aujourd'hui que son existence avérée ne prête plus aux intrigues dangereuses, il me convient d'y souscrire, et j'ai toujours eu l'intention secrète de me rendre aux vérités démontrées ; mais je devais, pour déjouer d'avance les agitateurs, condamner toutes les vérités douteuses qui devenaient entre leurs mains des leviers d'insubordination. Les deux opinions ont eu pour moi des convenances temporaires et successives ; je ne me contredis point en les adoptant tour à tour, selon qu'elles cadrent avec ma sage précaution de prévenir les troubles et de ne m'attacher qu'au bien-être des peuples. »

Ainsi, chaque dogme de l'Attraction peut s'accommoder avec les dogmes civilisés sous le rapport des convenances temporaires. D'après cela plus d'un lecteur pensera que j'aurais dû adopter dans l'exposé de la nouvelle doctrine ce mode conciliant, ou sens mixte, qui ne heurte personne et qui est le plus propre à faire goûter les idées neuves, les inventions ; mais je ne saurais m'habituer à ce genre amphibie. Je craindrais en outre qu'il ne donnât prise au plagiat. Je ne pourrais pas écrire sur ce ton deux chapitres de suite. Assez d'autres l'adopteront, il ne manque pas de caméléons qui entendent l'art de la flatterie et qui accommoderont toute l'Attraction au mode mixte ; elle s'y prête en tout sens, principalement sous le rapport de la fausseté harmonique dont j'ai parlé et dont on pourra s'appuyer pour pallier toutes les infamies civilisées.

Dieu, qui n'omet aucune précaution, a dû prévoir que la théorie de son code passionnel exposée toute nue pourrait déplaire à quelques civilisés puissants qui croient que le riche ne peut pas être heureux sans que le peuple souffre, et qui s'alarment à l'idée du bonheur du peuple. Dieu a dû nous ménager les moyens de présenter le code divin sans alarmer les préjugés des grands, ni l'orgueil des savants qui ne demandent qu'à sauver l'honneur de la science. Ils consentiraient au bonheur des peuples si l'on voulait leur prouver qu'il est le fruit de leurs 400,000 volumes auxquels il est facile d'accommoder l'Attraction en sens relatif et temporaire. Il en est de même des écrits des Pères de l'Église qui sont, comme ceux des philosophes, des lames à deux tranchants et se prêtent merveilleusement au double emploi. L'on a fort bien observé que l'Évangile sert les vues de tous les partis ; aussi les démagogues s'en réclamaient-ils fréquemment.

Passons aux applications des dogmes religieux et philosophiques, à ceux de l'attraction *sous le rapport temporaire*. Je choisis en préceptes religieux la proscription des sept péchés capitaux, qui deviennent autant de qualités requises dans l'Harmonie : 1° l'orgueil est d'absolue nécessité pour exciter chaque *Tourbillon* [ou phalange] au plus grand luxe dans ses édifices et ses cultures, et au maintien des coutumes qui lui assurent l'intervention dans le régime administratif du globe ; 2° l'avarice y devient une manie précieuse qui ne peut coopérer qu'au bien général : j'en ai donné la démonstration ; 3° la luxure y trouve des emplois de la plus haute utilité, je les ai décrits en traitant de la cour d'amour, et j'en parlerai plus amplement dans la section pivotale ; 4° l'envie y devient le germe de l'émulation générale, qui s'éteindrait dans un Tourbillon peu jaloux des succès de ses voisins ; 5° la gourmandise est dans ce nouvel ordre la base de la sagesse et de l'éducation, la première passion à éveiller chez les enfants et attiser chez les pères ; 6° la colère, c'est-à-dire colère honorable ou irritabilité sur le point d'honneur et sur l'exécution régulière des travaux, une telle colère est grandement utile dans l'Harmonie où l'on ne doit excuser aucune faute industrielle ni aucun passe-droit qui offenserait la fierté naturelle aux peuples libres ; 7° la paresse ou attraction est le plus précieux des sept péchés ; car on n'est pas paresseux pour le plaisir de ne rien faire, mais pour éviter les occupations fastidieuses ; un paresseux est très-empressé de courir aux festins, aux spectacles et à tous les plaisirs : or, comme tout est plaisir dans les travaux de l'Harmonie, on estimera très précieux les caractères dits paresseux, qui haïssent le travail civilisé et, ne se livrant qu'au plaisir, sont les plus aptes au mécanisme d'Harmonie, où tout n'offre qu'une succession de plaisirs. Ainsi, la première qualité requise dans les candidats sera l'inclination aux sept péchés capitaux, gourmandise, paresse, concupiscence, orgueil, amour des voluptés et des richesses, etc., etc. Voilà ce qu'on exigera de tout récipiendaire.

Plus ces dogmes semblent contraires aux maximes de la Religion, plus il est facile de les concilier avec elle, tant il est vrai que les extrêmes se touchent. Le culte mythologique était licencieux, et pourtant il eût été très-difficile de l'accommoder avec les dogmes précédents qu'on va voir pleinement compatibles avec le catholicisme.

En effet, supposons que les peuples antérieurs à la naissance du catholicisme, que les Grecs eussent pu entrer en colloque avec Dieu sur les destinées, et qu'après l'exposé du tableau ils lui eussent parlé en ces termes : « Tu nous apprends qu'il peut exister sur terre des sociétés supérieures à la nôtre, que nous pouvons passer à la 6e, Garantisme, à la 7e, Séries composées, à la 8e, Harmonie simple ; mais en vertu du libre arbitre que tu nous accordes, nous optons pour la Civilisation et y voulons rester. Daigne nous enseigner quelle est la religion la plus convenable à l'ordre civilisé. » — Dieu leur aurait répondu : « Puisque vous préférez la période malheureuse et diamétralement opposée à l'Harmonie, organisez par analogie une religion qui soit en contraste régulier avec celle de l'Harmonie. On y professe le culte des voluptés, choisissez le culte des privations, et ce sera le mieux assorti à votre société civilisée qui, étant un abîme de privations toujours croissantes, doit adopter le système religieux le plus propre à familiariser ses peuples avec les souffrances. Votre culte mythologique a été bon pour une Civilisation naissante amie des voluptés, il excitait les esprits à en chercher le calcul régulier, le développement en séries passionnelles ; mais du moment où la Civilisation s'enracine et tend à se prolonger indéfiniment, ce genre de culte lui deviendrait très-pernicieux à mesure qu'elle avancerait en luxe et en industrie. Le peuple, toujours indigent tant qu'il est civilisé, sera d'autant plus rongé de désirs que vous aurez fait plus de progrès dans le luxe et qu'on lui étalera plus de jouissances refusées à sa misère. Il convient donc d'assoupir ses désirs par une religion austère, ennemie des voluptés dont la mythologie provoquerait l'aiguillon sans les satisfaire. »

Tel serait le conseil de la Divinité. Les civilisés s'y sont conformés en adoptant le catholicisme qui aura dans la postérité le titre honorable de *culte naturel inverse* parce qu'il offre dans tous ses détails la contre-partie du culte naturel direct.

Quoiqu'il soit la religion la mieux adaptée à une Civilisation avancée, il y a produit parfois de grands désordres par effets de vices administratifs, qui ne sont pas propriétés inhérentes à cette religion, car on en voit naître des effets très-opposés. En Espagne et Portugal elle engendre l'inertie, en Lombardie et Belgique elle s'allie avec la perfection industrielle; d'où il est évident que l'inertie de certains peuples, dont on accuse la religion catholique, est résultat de vicieuse administration: rien ne le prouve mieux que la comparaison des deux états de Rome et de Toscane si différents en industrie, quoique identiques en religion.

Un reproche plus grave adressé au Catholicisme est celui d'obscurantisme. Il a persécuté les physiciens, les navigateurs, les anatomistes et tous ceux qui s'occupaient de sciences utiles; c'était encore un effet de vice administratif, car de nos jours la religion, même dans son état prospère en 1788, ne songeait point à persécuter les savants utiles. A la vérité elle poursuivait les philosophes, les auteurs des quatre sciences incertaines; avait-elle tort? Non sans doute. Il est maintenant assez démontré que ces quatre sciences poussent les peuples à la sédition, les financiers à la concussion, et qu'en dépit de leurs masques philantropiques elles ne sont que malfaisantes. Il est donc nécessaire qu'une religion adaptée aux convenances civilisées soit en guerre avec ces quatre sciences toujours prêtes à égarer les peuples, et c'est une propriété très-utile dans le catholicisme. A la vérité il a en abusé dans des siècles peu éclairés, il a poursuivi les savants utiles comme Galilée; c'était l'abus d'un bon principe, vice administratif, mollesse des gouvernements qui ne savaient pas contenir chaque classe dans de justes limites. Les prêtres catholiques sont hommes et enclins à l'empiètement, mais leur religion n'est pas moins la plus convenable à l'ordre civilisé, malgré les écarts où l'entraînent ses prérogatives trop étendues et dont j'aurai moi-même à me plaindre, car ils ne manqueront pas au premier abord de me confondre avec les philosophes.

En résumé, cette religion trouvera une foule de triomphes dans la doctrine de l'Attraction, — d'abord l'apologie de tous ses dogmes austères dont la convenance temporaire sera pleinement démontrée, — ensuite l'apologie de son obscurantisme, dont l'utilité déjà reconnue par les bévues des philosophes, sera encore mieux constatée par l'opposition du code divin avec les méthodes philosophiques. A ces triomphes dogmatiques se joindra celui des augures. Le Catholicisme a pronostiqué son extension future par toute la terre; il y règnera de fait par la *religion naturelle directe*, avec laquelle il est identique en application temporaire: car, le culte naturel direct ou religion des voluptés doit se transformer en naturel inverse ou religion des austérités pour s'appliquer à la société opposée à l'Harmonie.

CHAPITRE II.

APPLICATION DE LA MÉTHODE MIXTE A LA PHILOSOPHIE.

Nous passons des convenances religieuses aux convenances philosophiques; nous allons voir la doctrine de l'Attraction s'identifier parfaitement avec celle des philosophes en sens conditionnel, comme l'application temporaire, la modification relative. Je choisis pour exemple une thèse trop fameuse, les droits de l'homme. Ce sont des biens que la philosophie n'a su qu'entrevoir et non pas établir. La théorie d'Attraction, qui va les assurer au genre humain, est donc la meilleure amie des philosophes, elle comble tous leurs vœux, n'importe par quels moyens. Aurait-elle tort aux yeux de ces savants, parce qu'elle renverse plusieurs de leurs systèmes ou tous à la fois? Elle ne fait en cela que les imiter; chacun d'eux est l'antagoniste des autres. Lycurgue détruit le système de Solon; Chrysippe combat celui d'Aristippe, et Voltaire celui de Rousseau; enfin chaque philosophe en voit cent autres démolir son édifice, comme il a sapé les leurs, et pourtant ces savants, si opposés entre eux, forment corporation, ils ont la propriété de se soutenir, quant au but collectif, malgré la diversité des moyens individuels; ils peuvent donc envisager la Théorie de l'Attraction comme une philosophie nouvelle, qui, selon l'usage, détrône toutes celles des prédécesseurs, et malgré cette usurpation consacrée par l'usage, ils peuvent me traiter en confrère, *dignus intrare in nostro docto corpore*, pourvu que je tende aux fins assignées par eux tous. Il ne reste qu'à constater l'identité de leur but et du mien.

Je vais établir la comparaison d'un extrême à l'autre, en commençant par les partis extrêmes, réputés odieux et repoussés de tous les autres, comme les démagogues ou champions d'égalité pure et de loi agraire. Quelles sont leurs vues? A les supposer bien intentionnés, ils savent par l'exemple de Rome que cette loi ne dure que 24 heures; que le paresseux, le dissipateur vont le lendemain revendre leur portion de champ à l'homme économe; la loi agraire n'assure donc point au peuple ce bien-être que ses flatteurs voudraient lui procurer ; en outre le peuple veut des plaisirs, *panem et circenses*, et il faut renoncer aux spectacles en pays de loi agraire. Elle ne conduit donc pas le peuple aux divers buts de son ambition; elle n'y conduit guère mieux le démagogue; il n'arrive que rarement et pour peu de temps à la domination qui est son vœu secret.

Voici une théorie qui conduit l'un et l'autre à leurs fins; elle donne au peuple beaucoup plus que les faibles avantages qu'il obtiendrait de la loi agraire, d'abord une table somptueuse, qui est le bien suprême pour la populace, puis des plaisirs adaptés à chaque genre de travail, des spectacles gratuits, etc., le tout à perpétuité, sous la seule condition de vivre sans inquiétude. La même théorie donne au démagogue l'objet de ses désirs secrets, le rang suprême. Tout homme qui a assez d'audace et d'esprit pour être démagogue (ce qui n'est pas le rôle d'un sot) est assuré de parvenir dans l'Harmonie à quelqu'un des sceptres de divers degrés.

Si la théorie de l'Attraction satisfait et outrepasse les désirs du parti exagéré ou démagogique, elle entre bien mieux dans les vues des philosophes modérés, qui ne s'offusquent pas de voir le peuple dans l'indigence et qui pourtant seraient bien aises de l'en garantir. Examinons leurs différentes prétentions connues sous les titres de Liberté, Égalité, Fraternité, Unité, etc. Sur tous ces points la nouvelle doctrine peut les absoudre aux yeux du public et aux leurs, ce qui est plus fort, car il est assez douteux que ces champions d'égalité et de fraternité se pardonnent leurs propres systèmes, depuis l'épreuve récemment subie. Tout va s'excuser par l'Attraction expliquée en mode mixte.

1° La Philosophie eut raison de vanter *la liberté*, c'est le premier vœu de tous les êtres, mais elle oublia que dans les sociétés policées la liberté est illusoire sans la richesse individuelle du peuple ; à défaut, l'indépendance des classes de salariés ressemble à une maison sans fondations qui ne tarde pas à s'écrouler. L'homme libre et sans fortune retombe à l'instant sous le joug du riche ; l'esclave à peine affranchi s'effraie du besoin de subsistance et court se revendre pour échapper à cette nouvelle inquiétude, qui est pour lui l'épée de Damoclès. En lui donnant inconsidérément cette liberté dépourvue de fortune, on le fait passer du supplice corporel au supplice idéal. Il ne trouve dans ce nouvel état qu'une existence onéreuse. Aussi les nègres n'usent-ils de la liberté que pour courir au brigandage, à la horde qui a par elle-même un attrait particulier, l'esprit d'agression, de guerre contre les civilisés. L'homme, dans cet état, est stimulé par l'espoir de capture qui soutient le chasseur dans ses fatigues et l'étourdit sur les chances de mauvaise fortune. De là vient que tous les esclaves affranchis courent à la horde ou tombent dans l'inquiétude quand une bonne police les empêche de former la horde. Il faut donc, en donnant la liberté au peuple, l'étayer de 2 appuis qui sont *la garantie d'aisance* et *l'attraction industrielle*, appuis dont les théories philosophiques ne peuvent pas même créer l'ombre, et dont on ne trouve la réalité que dans la théorie de l'Attraction. Ainsi les philosophes, tant ravalés aujourd'hui sur la fâcheuse épreuve de leurs théories de liberté, peuvent sortir triomphants de cet échec en se ralliant à l'Attraction qui donne la liberté au peuple, mais qui pourvoit à la fonder sur les bases primordiales de la subsistance et de l'appât industriel.—Continuons l'examen des autres vœux de la philosophie avant de conclure sur ses erreurs en moyens d'exécution.

2° *L'égalité de droits* est encore une chimère, louable abstractivement, et ridicule quant aux moyens employés pour l'introduire en Civilisation. Le premier droit des hommes est le droit au travail et au *minimum*. C'est précisément ce qu'on omet de reconnaître dans toutes les constitutions; elles ne s'occupent d'abord que des favoris qui n'ont pas besoin de travail; elles débutent par un pompeux tableau des élus des familles privilégiées à qui la loi assure 50 et 100,000 fr. de rente pour la commode fonction de gouverner les peuples ou siéger dans une siége curule et opiner du bonnet dans un sénat. Si la première page des constitutions est consacrée à garantir l'opulence et la paresse aux administrateurs, il conviendrait que la deuxième page s'occupât un peu du sort des classes inférieures, du *minimum proportionnel* et du droit au travail, qu'ont oubliés toutes les constitutions, et du droit au plaisir, qui ne se trouve que dans le mécanisme des séries industrielles. En réparant cet oubli, selon le précepte *errare humanum est*, les philosophes acquerraient le droit de censurer les sciences rivales qui n'y ont pas mieux pourvu, et d'exiger que les unes et les autres fussent enfin soumises au creuset de l'expérience, à l'épreuve de l'attraction ou science rivale. Il résulterait de cette expérience que la philosophie a eu raison de proclamer l'égalité des droits, puisque, en régime d'unité passionnelle, tout individu, homme ou femme, a droit à un minimum splendide et de plus droit et accès aux postes les plus brillants de la magnature, et droit personnel à trois des trônes suprêmes du globe, et droit éventuel au quatrième dans la personne du successeur dont il peut être le père ou l'aïeul. Dès-lors la philosophie, sur le problème de l'égalité comme sur celui de la liberté, sera triomphante sous le rapport intentionnel; il lui restera l'honneur d'avoir bien jugé le but de la nature. Quant à l'erreur qu'elle a commise sur les moyens d'exécution, elle est excusée d'avance par le principe *errare humanum est*, principe dont l'admission lui assure le double avantage de se justifier en sens intentionnel et de forcer ses ennemis à la résipiscence en leur opposant leur propre sentence, *perseverare autem diabolicum*.

3° Passons à la *fraternité*. Discussion plaisante, répugnante et savante à la fois : elle est plaisante quant à l'imbécillité des théories qui ont prétendu l'établir. Elle répugne par le souvenir des horreurs auxquelles ce nom a servi de masque ; enfin, c'est un problème des plus dignes d'occuper la science, en considérant que les sociétés n'auront atteint leur but, n'auront élevé l'homme à sa dignité, que lorsqu'on sera arrivé au point de fraternité universelle, c'est-à-dire à un degré d'intimité générale qui ne peut s'établir qu'à l'aide des quatre conditions :

Aisance du peuple et assurance d'un minimum splendide ;
Éducation et instruction des classes inférieures ;
Véracité générale dans les relations industrielles ;
Services réciproques des classes inégales.

Ces quatre conditions une fois remplies, e riche Mondor sera en fraternité réelle avec Irus, qui, malgré sa pauvreté, n'aura nul besoin de protecteur, nul motif de tromper personne, et qui pourra, vu sa bonne éducation, figurer parmi les princes, comme on voit dans nos capitales civilisées tant de littérateurs et artistes pauvres qui brilleraient à la cour mieux que les courtisans. Tels seront dans l'Harmonie les individus de classe inférieure, qui généralement raffineront sur l'éducation et les manière ; l'homme riche, en se liant avec eux, n'aura jamais à redouter d'importunes demandes. Au lieu de sollicitations à essuyer d'eux, il n'aura que des services à en recevoir ; il sera donc amical et fraternel avec eux. Quant à présent, comment la fraternité pourrait-elle s'établir entre des sybarites pétris de raffinements et des paysans grossiers, affamés, couverts de haillons et souvent de vermine, de maladies contagieuses comme typhus, gale, plica et autres fruits de la misère civilisée ? Est-il de fraternité à établir entre des classes d'hommes si hétérogènes ? Elle ne pourra naître que dans une société riche et polie, où les derniers du peuple seront, par leur éducation et leur bonne tenue, présentables aux assemblées des grands. Cette politesse générale ne saurait s'établir dans l'ordre civilisé. J'ai cité plus haut les divers obstacles qui s'y opposent et qui établissent au lieu de fraternité une jalousie réciproque. Eh ! comment vaincre ces obstacles dans l'ordre civilisé, où des travaux ingrats, ne conduisant le peuple qu'à l'indigence et au désespoir, doivent exciter en lui la haine des oisifs qui nagent dans l'abondance, oisifs qui n'existent pas dans l'Harmonie, où les travaux, métamorphosés en plaisir, entraînent les riches à coopérer par amusement à tout ce qui peut augmenter les biens du pauvre.

L'*Unité*, autre vœu des philosophes, ne peut de même être satisfaite que par la chute de la Civilisation. Elle est si antipathique avec les unités, qu'on ne peut pas y introduire celles d'urgente nécessité, comme le système métrique : on n'a pas pu en vingt ans d'efforts le généraliser dans le royaume qui en a fait le travail et pris l'initiative. La difficulté est bien plus grande sur les unités de langage et autres, qui exigeraient de longues études ; on n'y astreindra jamais les peuples civilisés. C'est bien pis des unités administrative, religieuse et commerciale ; comment étendre, je ne dis pas aux Barbares et Sauvages, mais seulement aux Civilisés ces trois dernières unités, surtout celle de libre circulation, absence de douanes et entraves ? On ne peut pas même le tenter, et l'on traite avec raison de visionnaires ceux qui ont, comme l'abbé de Saint-Pierre, des projets de paix civilisé ou de libre circulation. L'obstacle serait bien plus grand pour étendre aux Barbares et Sauvages ces unités que la Civilisation ne peut s'inoculer à elle-même. Combien sur ce point la philosophie est éloignée d'atteindre au plus louable de ses vœux, car il n'en est pas de plus sage que celui de l'Unité universelle. On ne connaît pas même les moyens dont il faudrait tenter l'emploi et présenter l'appât : ce sont l'attraction industrielle, la richesse, la vérité ; mais l'ordre civilisé ne peut mettre en jeu que les ressorts opposés. Aussi ne peut-il organiser que l'incohérence universelle. Il n'est donc pas de science qui offre, *quant au but*, plus d'affinité avec la philosophie que celle de l'Attraction, qui établirait subitement toutes les unités imaginables.

Sans prolonger ce parallèle, concluons que si la découverte de l'Attraction conduit le genre humain tout entier aux divers buts entrevus et désirés par les philosophes, elle devient pour eux une planche de salut, et ils doivent, en faveur du succès qu'elle leur assure, faire abstraction des contrariétés dogmatiques. La situation des philosophes est comparable à celle d'un mineur qui s'est ruiné à de nombreuses fouilles sans atteindre aucun filon d'or. Si quelque voisin, en fouillant sur un point négligé, trouve la mine et en livre gratuitement le secret, ne serait-ce pas folie de lui reprocher qu'il n'est pas mineur de profession et que sa découverte rend inutiles tous les autres puits ouverts avant le sien ? loin de là, on le remerciera avec transport, parce qu'on ne tient pas aux puits, mais à la mine. Il en est de même des systèmes de la philosophie. Tient-elle à ses dogmes ou bien au bonheur social qui en est l'objet ? Sa réponse n'est pas douteuse ; en ce cas, elle doit être l'amie du nouveau calcul qui la mène à son but, comme le mineur abandonnerait volontiers tous les puits inutiles pour le nouveau qui conduirait seule à la mine. En adoptant ce sage parti, les philosophes, même les défunts, seront réhabilités sous le rapport de l'intention, dont leur science perdrait le mérite si elle contrariait l'épreuve de l'Attraction.

Ma doctrine leur donne gain de cause sur le dogme religieux qui renvoyait à l'autre monde le bonheur, dont la philosophie voudrait avec raison nous assurer la jouissance dès celui-ci; elle les débarrasse du fardeau des systèmes dont ils défendent péniblement la caduque renommée. Je les dégage d'un mauvais poste, d'un travail ingrat; en leur livrant une théorie dont l'exploitation leur vaudra une moisson de gloire et de fortune, c'est leur donner des biens qu'ils n'osaient pas même désirer, et je n'exagère pas en disant que chacun d'entre eux me devrait des actions de grâces. [A l'interligne] Messie philosophe, titre que je craindrais.

On concilierait de même l'Attraction en sens conditionnel avec les coutumes qu'elle proscrit le plus, comme celle du commerce mensonger ou libre exercice de la fraude; on louerait les marchands d'avoir eu l'art de maintenir leurs libertés industrielles au sein de l'esclavage universel, d'avoir su opposer à l'avidité fiscale une digue insurmontable et amortir sa tendance au monopole général. On pourrait, au moyen de quelques arguments captieux, amalgamer bien ou mal la fausseté mercantile avec le dogme de fausseté harmonique. C'est ainsi qu'en procédant par la méthode mixte on pourrait produire la doctrine de l'Attraction sous des couleurs flatteuses pour tous les partis.

Dieu fait un si grand cas des moyens conciliatoires qu'il a assigné à l'ordre mixte, un septième dans le clavier aromal ou planétaire et dans le clavier des caractères. Il a dû, selon cette règle, donner à sa théorie sociale des propriétés de conciliation avec les dogmes de tous les partis. Chacun d'eux peut disposer le calcul de l'attraction de manière à y trouver l'apologie de ses méfaits. Ce n'est pas équivoque ni duplicité dans la science, car l'Attraction, en conciliant et absolvant les divers partis, n'en trompe aucun et satisfait les vœux de tous, précaution digne de la sagesse de Dieu, qui dut sentir que le bienfait du code divin perdrait de son prix, et que l'épreuve en serait retardée si à son apparition il offensait les divers partis civilisés. Il conviendrait donc à l'inventeur d'adopter cette méthode mixte et conciliante, mais je ne saurais m'assujétir au genre louvoyant et flagorneur de nos faiseurs de systèmes. Si j'avais cette souplesse de caractère, je n'aurais pu ni inventer ni suivre le calcul de l'Attraction. Je laisse donc à d'autres l'emploi de la méthode mixte dont ils pourront tirer grand parti en s'accommodant à l'Attraction. C'est une manière qui fera rechercher leur livre plus que le mien ; elle convient à une foule de littérateurs français très-habiles à crier selon le temps : Vive le roi, vive la ligue. Chacun d'eux, en produisant de cette manière la nouvelle science, pourra se faire porter aux nues par quelque parti flatté. Pour moi je n'ambitionne pas ce genre de succès et je persiste dans la méthode directe, la franche critique des infamies civilisées et des sciences incertaines qui en sont les suppôts.

CHAPITRE III.

APPLICATION SPÉCIALE A LA PHILOSOPHIE. — DISTINCTION DE LA RAISON EN INCOHÉRENTE ET COMBINÉE, HOMOGÈNE ET HÉTÉROGÈNE.

Pour abréger sur les définitions, débutons par un exemple tiré de l'opposition des vues de Dieu avec les vues de la philosophie.

Dieu nous excite au plaisir. Son interprète, l'Attraction, ne donne jamais d'autre conseil, l'homme est toujours disposé à obéir à Dieu en se livrant au plaisir ; il est donc de sa nature *homogène* avec Dieu. Mais la raison intervient et nous oppose 400,000 volumes de philosophie pour nous détourner des routes du plaisir ; elle est donc *hétérogène* avec Dieu et l'homme. Quel est le moyen de ramener la raison à l'homogénéité ? c'est de l'associer aux opérations de Dieu, l'employer au raffinement des plaisirs, la faire intervenir pour nous indiquer le parti le plus voluptueux, et pour enchérir sur l'Attraction qui parfois pourrait nous pousser à un seul plaisir, tandis qu'une marche mieux calculée peut nous procurer deux plaisirs au lieu d'un. Quand la raison sera ramenée à cet emploi, elle secondera pleinement les vues de Dieu et de l'homme, elle sera homogène avec l'un et l'autre. Aujourd'hui elle est complétement hétérogène, car elle ne se fait entendre que pour contrarier l'impulsion divine et la volonté humaine, ou Attraction.

Sur ce, elle répond par de solides arguments sur le danger des plaisirs et les maux qu'ils nous préparent. Cela est vrai en Civilisation ; mais qu'elle cherche donc un ordre différent où les plaisirs ne soient plus nuisibles et où la raison puisse prendre le rôle homogène en s'accordant avec Dieu et l'homme, en secondant l'attraction qui est vœu de Dieu et de l'homme.

De toutes les imperfections civilisées, il n'en est pas de plus frappante que l'imprudence de l'individu livré à lui-même et toujours entraîné par la nature à une conduite qui lui est préjudiciable, tandis que l'animal n'est entraîné qu'à des actions convenables à son bien-être. A qui doit-on imputer cette inconséquence naturelle du civilisé, cette dissidence de l'homme avec ses propres intérêts, vice dont l'animal n'est point affligé ? Là-dessus s'élève une question vainement débattue, celle de savoir si l'homme est né bon et enclin au bien, ou s'il est né mauvais et enclin au mal.

S'il est né bon, si la nature l'a bien formé tel qu'il est, pourquoi dans sa pleine liberté ne se porte-t-il qu'aux actions qui lui seront nuisibles ? Pourquoi voit-on le jeune homme dissiper son patrimoine, compromettre sa santé par des excès et devenir l'artisan de son prochain malheur ? Pourquoi voit-on l'homme fait se souiller de crimes dans les affaires d'intérêt et encore plus dans les intrigues politiques, dès qu'on lui en ouvre la carrière, se perdre par le jeu, les folles entreprises, etc. ? Pourquoi enfin le nombre des gens raisonnables qui savent se garder du vice et de l'imprudence est-il si limité ? Pourquoi n'offre-t-il que des exceptions qui confirment la règle et accusent de déraison les sept huitièmes des hommes livrés au libre exercice de leurs passions ?

Il est peu de problèmes plus embarrassants pour nos sages qui, sur cette énigme, se sont perdus dans la controverse. D'abord la masse des philosophes prétendit que l'homme, étant né vicieux, avait besoin d'être étayé du secours de la raison; mais l'expérience en a démontré l'impuissance. Elle est en défaut de quatre manières :

1° Les sept huitièmes des civilisés ne savent pas lire et n'auraient ni le temps de lire ni le moyen de se procurer les 100,000 traités de raison ;

2° Ces 400,000 volumes, ne s'accordant nullement entre eux, laissent leur lecteur plus indécis que celui qui ne les a pas lus ;

3° Leurs systèmes de raison mis en pratique donnent des résultats diamétralement opposés aux promesses : notre génération n'en a que trop fait l'épreuve ;

4° L'homme, après avoir compulsé tous ces systèmes, n'acquiert pas la force de se diriger selon leurs avis, force dont manquent les auteurs mêmes, qui sont encore plus vicieux que le commun des hommes.

Ces sciences répressives sont donc un double affront pour l'homme civilisé. D'abord elles le placent au-dessous des animaux en supposant qu'il n'a pas comme eux une raison naturelle et suffisante à se diriger ; d'autre part, elles ne lui procurent à force d'études qu'une raison peut-être pire que le mal, si l'on en juge par le caractère vicieux des distributeurs de raison qui ne savent pas se guérir eux-mêmes des vices dont ils veulent guérir autrui.

Voilà les médecins positifs en défaut. — Consultons une autre classe de médecins, les négatifs ou rétrogradateurs, qui ont prétendu que cette déraison de l'homme social était une punition de ce qu'il a abandonné l'état de nature ou état sauvage, opinion doublement inconséquente. Elle suppose que l'initiation à l'industrie, aux sciences et aux arts serait pour nous un don funeste de la Divinité. C'est accuser à la fois Dieu et la Civilisation sans prouver en faveur de l'état sauvage dont les peuples ne sont pas moins déraisonnables que nous, quand ils ont les occasions de pécher. Qu'on leur donne à discrétion des liqueurs fortes, ils s'en gorgeront à tel point que moitié de la horde sera morte au bout d'un mois par les suites de l'ivresse et des querelles qu'elle occasionnera. Le Sauvage ne montre pas moins de déraison dans ses guerres et ses haines nationales. Il n'est sage que lorsqu'il n'a pas les moyens d'abuser ; un Sauvage privé de liqueurs fortes n'a pas de mérite à en éviter l'excès, de même qu'un paysan français qui n'a pour dîner qu'une poignée d'orties, n'a pas de mérite à être sobre. Ce n'est pas un brevet de raison qu'une sagesse forcée. Donnez à ces deux êtres, au sauvage et au paysan, la fortune de Lucullus, et vous pourrez juger s'ils sont sages dans l'essor des passions. Ce n'est que sur les gens riches qu'on peut asseoir cette épreuve dans laquelle ils se montrent tous ou presque tous vicieux en divers sens.

On ne peut donc pas prétendre que l'homme actuel soit né bon et enclin au bien, puisqu'il n'y arrive ni dans l'état policé avec le secours des distributeurs de raison, ni dans l'état sauvage nommé simple nature.

D'autre part, si l'on admet, selon les pessimistes, que l'homme soit né vicieux et enclin au mal, c'est tomber dans une triple contradiction :

1° Accuser Dieu comme créateur malfaisant se plaisant à engendrer le vice ;

2° Accuser la Civilisation comme arène des misères qu'un Dieu malfaisant se serait plu à organiser ;

3° Accuser la raison comme Esculape impuissant qui s'efforce en vain de corriger l'ouvrage de Dieu ou impulsion passionnelle.

Toutes ces alternatives sont un cercle vicieux sur lequel on ne peut arriver à aucune conclusion. Tout balancé, on ne peut pas jusques-là décider si l'homme est né bon ou mauvais, ce problème ayant la propriété commune à toutes les questions philosophiques, celle de jeter dans le cercle vicieux, quel que soit le parti auquel on se fixe.

Puisqu'on ne peut opter ni pour l'affirmative ni pour la négative, puisque l'homme est mauvais dans l'état libre ou sauvage, dit naturel, mauvais dans l'état civilisé ou industrieux, il faut recourir à un parti mixte, inventer un état qui soit à la fois naturel et industrieux. Cette combinaison de deux germes qui sont vicieux isolément devra nous donner un bien selon les règles de la fausseté harmonique indiquée ailleurs. En conséquence les 2 conditions radicales de l'état sauvage et de l'état civilisé, savoir, la liberté et l'industrie, sont les 2 buts que la science devait assigner dans la recherche d'un nouvel état social. C'est le parti mixte qui spécule sur la combinaison et l'amalgame des méthodes connues.

J'ai résolu le problème par la théorie exposée aux neuf premières sections. Elle développe dans leur plénitude la liberté, qui ne réside que dans l'essor de l'attraction et l'industrie, qui ne s'élève au plus haut degré que par la grande association ou mécanique des séries passionnelles; d'où l'on voit qu'en recourant au parti mixte ou combinaison de 2 ressorts isolément vicieux, on peut arriver au bien avec les éléments du mal et faire éclore une foule de biens par l'amalgame des innombrables vices contre qui la raison déclame depuis 3000 ans.

Pour mieux faire sentir cette vérité, posons la question sous quelque autre point de vue qui donnera gain de cause à cette philosophie que je condamne sans cesse. Puisqu'on a l'option sur les philosophes comme sur les cultes, je vais opter pour Aristippe et Épicure, qui valent bien les rigoristes et démagogues. Ces deux sophistes ont pour système la recherche du plaisir, sauf l'emploi des moyens les plus sages pour y parvenir. Je vais mettre en scène leur philosophie ou raison humaine, sauf une seule condition qui est de la subordonner à la raison divine ou attractive. C'est un parti mixte, un amalgame des 2 ressorts Attraction et Philosophie, qui se disputent le sceptre du monde social.

Dans l'état civilisé, la direction divine ou Attraction est vicieuse, car elle ne nous conduit qu'au mal. La direction humaine ou Philosophie est également vicieuse et ne donne que des remèdes pires que le mal. On peut les concilier toutes deux par l'association dont j'ai donné la théorie aux neuf premières sections; l'on a vu par le tableau de ce nouvel ordre social que les 12 passions radicales, en quelque sens qu'elles se développent, y trouvent des contrepoids ou options qui préviennent l'excès de chaque plaisir et maintiennent l'équilibre des jouissances alternativement goûtées. Cet ordre est donc un raffinement des dogmes d'Aristippe et d'Épicure, un emploi des voies les plus sages pour arriver au plaisir. De là résulte une combinaison des 2 raisons, divine et humaine, de la raison divine ou impulsion attractionnelle, et de la raison humaine ou impulsion philosophique, théorie raffinée des plaisirs, méthode prêchée par Aristippe et Épicure. Analysons le mécanisme plus en détail.

Dans l'ordre sociétaire, où l'on a fréquemment et d'heure en heure des options sur divers plaisirs et sur les voies d'amalgame, un homme peu judicieux qui se livrerait à l'attraction brute pourrait bien prendre la voie la moins voluptueuse; il ne serait pas pour cela malheureux, mais il arriverait à un moindre bonheur, quoique dirigé par la raison divine ou attraction. Si l'on y joint la raison humaine ou raffinement calculé, elle fournira des moyens de tirer plus de parti de l'Attraction, sans cesser pour cela de lui obéir. Dans l'un et l'autre cas, ce sera Dieu qui aura dirigé l'individu; mais dans le premier cas, l'homme ne sera arrivé qu'au bonheur de l'animal, qui ne sait point raffiner ses plaisirs, et dans le second cas en adjoignant la raison humaine à l'impulsion divine, il aura atteint à un bonheur supérieur à celui de l'animal.

Ainsi l'homme est né bon conditionnellement. L'Attraction et la Philosophie sont bonnes et sociables conditionnellement, sauf l'organisation de l'état sociétaire, où les 2 sagesses divine et humaine, l'Attraction et la Philosophie, se classent à leur rang, la première en direction suprême, la deuxième en direction secondaire, favorisant les impulsions de la première. Dans cet ordre, les passions, sûres de trouver partout un équilibre, un contrepoids aux excès, n'ont plus besoin de méthode répressive, mais seulement de voies de développement très-étendu dont la raison humaine calcule et indique les voies. Cet ordre, tout en assignant à la raison humaine un rang distingué, ne porte aucune atteinte à la suprématie de l'Attraction ; mais dans l'ordre civilisé, où la raison humaine, dite Philosophie, adopte un système répressif de l'Attraction, elle imite un ministre qui voudrait réprimer le roi et faire prévaloir sa volonté sur celle du chef suprême dont il doit seconder les vues; elle place l'homme au-dessus de Dieu, elle ravit à Dieu la direction du mouvement. Qu'en arrive-t-il? que Dieu ne cède point, que l'Attraction continue à dominer pour notre malheur, car si elle est destinée à produire l'opulence et l'unité dans le régime sociétaire, elle doit produire la discorde et la pauvreté dans tout régime social qu'inventeront les hommes, en s'arrogeant le pouvoir de faire des lois et méconnaissant la suprématie de Dieu, tant en législation qu'en direction permanente.

La raison n'est donc point faite pour nous gouverner, mais s'entraider au gouvernement que Dieu doit exercer par l'Attraction. Notre sagesse humaine ou Philosophie ne peut intervenir utilement qu'à titre d'acolyte de l'Attraction, occupée à calculer ses développements, raffiner l'ouvrage de Dieu, coopérer au développement des impulsions voluptueuses qu'il nous distribue, mais qui ont besoin de 2 appuis, savoir, la détermination de l'état sociétaire où elles trouvent leur équilibre, puis l'intervention de la raison humaine pour calculer les raffinements praticables dans chacune des 12 branches d'attraction, dans chaque volupté des sens et de l'âme.

Jusqu'à présent les Philosophes n'ont pas voulu entendre à ce parti mixte, à cette association de la raison divine ou attractive avec la raison humaine ou raffinement. A la vérité, ils n'en connaissent pas les moyens; je les leur ai indiqués dans la théorie des Tourbillons passionnels.

Maintenant il reste un parti mixte à leur recommander, c'est celui de la pratique. Puisqu'ils ont obtenu l'essai de leurs systèmes par de grands empires de 40 à 50 millions d'âmes, qu'ils sollicitent l'essai de la Théorie divine sur un bourg de mille habitants. A défaut, on les accusera de vouloir tout pour eux, rien pour Dieu et les hommes ; obstination d'autant plus blâmable, qu'en se ralliant à la méthode mixte que je viens d'indiquer, en consentant à placer la philosophie en société subordonnée à la raison divine, ils peuvent proclamer le triomphe des sciences philosophiques. Leurs sectes ne peuvent dans aucun cas régner toutes à la fois, puisqu'elles sont en contradiction de systèmes, dont l'un vaut l'autre. Or, en optant pour ceux d'Épicure et Aristippe, vers qui l'âge moderne incline spécialement, il leur sera facile, moyennant quelque modification de dogme, de former une nouvelle école pleinement ralliée à l'Attraction, tout en s'appuyant sur cette branche de l'ancienne philosophie voluptueuse, la seule qui puisse trouver accès au près des modernes.

On a vu dans le cours de ce chapitre combien il est facile de résoudre toutes les questions qui ont le plus embarrassé les philosophes, comme celle du naturel bon ou mauvais de l'homme ; tout débat sur de semblables objets est éclairci par la seule hypothèse d'un emploi des passions dans l'état d'Harmonie ou destinée. On pourrait recueillir et résoudre ainsi tous les grands problèmes qui ont divisé les philosophes, opposer les aberrations des sectes diverses, les cercles vicieux de chacune et la solution donnée exclusivement par le mécanisme du tourbillon passionnel ; il en résulterait une collection fort intéressante qu'on pourrait intituler *les erreurs célèbres* ou *les cercles vicieux de la raison humaine isolée de la raison divine*. C'est une des nombreuses perles dont la récolte s'offre à tous nos beaux esprits ; ils se plaignent sans cesse du défaut de sujet ; ma découverte peut leur en fournir 100 plus brillants les uns que les autres, indépendamment des calculs du mouvement et à ne parler que des accessoires littéraires, comme le recueil des erreurs célèbres et autres critiques de la philosophie et du régime civilisé.

Par exemple, maintenant qu'on connaît le régime du vrai bonheur ou développement complet des 12 passions dans le tourbillon à 810 caractères, il serait curieux d'opposer, en fait de bonheur, les opinions des plus fameux philosophes, en évitant toutefois le fatras, comme les 278 opinions que l'on comptait à Rome sur le vrai bonheur au temps de Varron. Il serait également curieux de comparer les principaux systèmes d'éducation avec celui d'éducation naturelle. Tous ces débats étant aujourd'hui jugés sans appel par la Théorie des Destinées, on verrait avec intérêt en quel sens les divers sophistes ont pu en approcher, ou plutôt l'on verrait à la confusion de l'esprit humain que tous étaient presque également éloignés du but. Ces 2 sujets et tant d'autres du même genre qui peuvent fournir des compilations et tableaux piquants conviennent parfaitement aux érudits versés dans l'étude de la philosophie ancienne et moderne, mais en tant qu'ils se rallieront à la doctrine de l'Attraction, cette comparaison étant maintenant le seul moyen de mettre en scène la philosophie, devenue insipide par elle-même depuis qu'elle a si vilainement abusé les peuples ; mais du moment où l'on connaît le remède aux misères sociales, il sera amusant de rapprocher et classer les fautes des célèbres et pitoyables médecins entre les mains de qui s'était jeté l'esprit humain.

La découverte du calcul de l'Attraction force l'esprit humain à opter entre les deux opinions suivantes : ou que la sagesse et la vertu naturelles ne résident point dans l'ordre civilisé qui retient le genre humain dans la pauvreté, la fourberie, la discorde et l'asservissement, ou que si la sagesse et la vertu résident dans l'ordre civilisé, elles produisent donc la condamnation du genre humain à la pauvreté, la discorde, la fourberie et l'asservissement. Si l'on opte pour la première opinion, il faut chercher une issue de cet ordre civilisé incompatible avec la sagesse et la vertu. Si l'on opte pour la deuxième opinion, il faut chercher à s'affranchir de la sagesse et de la vertu civilisée, qui donnent en résultat les quatre fléaux redoutés. Laquelle qu'on adopte des deux opinions, ce sera conclure directement ou indirectement à l'abandon de la Civilisation [5e période sociale] et à l'épreuve facile de la découverte qui en ouvre l'issue [et mène aux périodes plus élevées dans l'échelle sociale].

www.ingramcontent.com/pod-product-compliance
Ingram Content Group UK Ltd.
Pitfield, Milton Keynes, MK11 3LW, UK
UKHW020150200726
13856UKWH00003B/934